“समन्वय”

“समन्वय”

लक्ष्य की ओर

जगराम सिंह

KALPAZ

"समन्वय"

ISBN : 978-93-5324-962-5

भारत में सन् 2022 में प्रकाशित

कल्पाज पब्लिकेशन

सी-30, सत्यवती नगर,

दिल्ली-110052

वेब साइट: www.kalpazpublications.com

ई-मेल: kalpaz@hotmail.com

Phone : 011-47034999, 9811692060

मुद्रित: ज्ञान प्रेस, दिल्ली

अनुक्रमणिका

श्री नरेश मेहता वाङ्गमय सम्मान 2020 (भारत दर्शन)

मध्य प्रदेश हिंदी साहित्य प्रचार समिति भोपाल

आभार

जीवन जब सत्य सिद्ध हो, शिव सिद्ध हो, सुन्दर सिद्ध हो, तभी उसकी सार्थकता होती है। सार्थक जीवन ही सफलता के सोपानों पर सहजता, सरलता से पायदान दर पायदान चढ़ता हुआ नारायणत्व के समीप पहुँच जाता है। वहाँ पहुँचकर उसे जो सुख एवं आनन्द की अनुभूति होती है, उसका वर्णन असंभव होता है क्योंकि परमानंद प्राप्त होते ही वह पूर्णतः मूक सदृश हो जाता है। उस अवस्था में वह वर्णन नहीं कर सकता अपितु अनुभव ही कर पाता है। ऐसी परमावस्था को ही मोक्ष की अवस्था अर्थात् परम पद कहा जाता है।

ऐसे परम पद प्राप्त तेजस्वी मुखों से जो भी शब्द रूपी अमृत वर्षा होती है उसकी एक बूँद भी यदि कानों में पड़ जाये तो कोटि यज्ञों का फल सहज ही प्राप्त हो जाता है जो पशुत्व से नारायणत्व की यात्रा का अविराम साथी, गंतव्य की सुख व शान्ति का अक्षय स्रोत बनकर क्षुधा पूर्ति का साधन बन चिर शांति प्रदाता बन जाता है।

उसी चिर शान्ति रूपी पुष्प को पुष्पित पल्लवित बगिया से चुन-चुनकर राष्ट्र देव के श्री चरणों में समर्पित करने के लिए इस समन्वय रूपी यज्ञ का अवलंबन लेकर अनुष्ठान का शुभारंभ किया जिसके पूर्ण होने तक अनेकों मित्रों, बंधुओं, सहयोगियों जिनमें प्रिय कृतेश राम, प्रिय तरुण सिंह जी आदि ने अपने जीवन की अमूल्य ज्ञान धरोहर में से मुट्ठीभर आहुति देकर कृतार्थ किया। हम उन सभी के दीर्घकालिक ऋणी हैं और इसी प्रकार भविष्य में भी सहयोगाकाँक्षी रहेंगे।

विश्वास है कि निश्चित ही यह समन्वय रूपी पुष्प सुधी पाठकों को रूचिकर, प्रेरक, उत्प्रेरक एवं उनके जीवन के अंधेरे को हरने वाले दीप की भाँति मार्गदर्शक की भूमिका निभाने में सहायक सिद्ध होगा।

सुझाव, मार्गदर्शन आदि की अपेक्षा का विनम्र निवेदन है।

धन्यवाद

भवदीय

जगराम सिंह

प्रस्तावना

भारतीय चिंतन की आस्था, विश्वास और परंपरा है- "एकं सद् विप्राः बहुधा वदन्ति"। सत्य एक होता है और विद्वान लोग उसकी भिन्न-भिन्न व्याख्या करते हैं। वास्तव में सत्य क्या है? इसकी हर व्यक्ति अपने अपने ढंग से खोज करता रहता है। जिन महापुरुषों ने सत्य की खोज करते-करते कोई सूत्र प्राप्त कर लिया, वे उसकी व्याख्या अपने-अपने अनुभव से करते रहे हैं। व्याख्या करनेवाले को क्या समझ आया? किस परिस्थिति में समझाना है? जिन्हें समझाना है, उनकी सत्य को समझने, स्वीकार करने की क्षमता क्या है? इन कारणों से इसमें भिन्नता होती है।

सत्य को ईश्वर का भी पर्याय माना जाता रहा है। परमेश्वर तो एक ही है, पर उसके रूप अनेक हैं। परमात्मा के मन में सृष्टिरचना का विचार आया "एकोऽहम बहुस्याम"। वह एक परमात्मा जल, थल, अग्नि, वायु, पेड़-पौधे-पत्ते, पत्थर आदि के रूप में प्रकट हुआ। इस प्रकार एक परमात्मा के विभिन्न रूपों के दर्शन करते समय व्यक्ति ने परमात्मा के उन अंशों को 'आत्मा' कहकर परिभाषित किया। एक परमात्मा और उसके भिन्न-भिन्न स्वरूप, इसी प्रकार एक सत्य और उसकी विभिन्न व्याख्याएँ चिंतन के आस्था, विश्वास एवं परंपरा के रूप में ठीक हैं, पर यही सामान्य समाज और व्यक्ति के लिए एक समस्या बन गए।

इसमें से किस रूप और किस व्याख्या को सही माना जाए? 'जाकी रही भावना जैसी, प्रभु मूरति देखी तिन तैसी' के सूत्र को पकड़कर

जिसको जो रूप भाया, उसने उसी को परमात्मा समझ लिया; जो व्याख्या व्यक्ति को अपने अनुकूल या सही लगी, वह उसी को ही सत्य समझने लगा। इसी में से विविधता का स्वीकार और सम्मान हमारे चिंतन की विशेषता बनी।

अन्य स्वरूपों और व्याख्या से विविधता से आगे बढ़कर अपनी मान्यता को पुरस्कार और अन्यों का तिरस्कार करने के कारण समाज में भेद, विषमता और संघर्ष जन्म लेने लगे। ऐसे में समाज के चिंतक, विचारक और समाज को सही दिशा में मार्गदर्शन करने वाले महापुरुषों ने समय-समय पर इस समस्या से बाहर आने के लिए मार्ग सुझाया कि अपनी-अपनी सोच के अनुसार स्वीकार करो 'जाकी रही भावना जैसी प्रभु मूरत देखी तिन तैसी'। जगद्गुरु शंकराचार्य ने पंचायतन पूजा प्रारंभ की। जिस स्वरूप के साथ आपकी आस्था जुड़ी है, वह मुख्य स्थान पर रहे; किंतु बाकी सब स्वरूप भी आस-पास स्थापित हों- इस प्रकार के मंदिरों का प्रचलन शुरू हुआ। पूजा के बारे में यह विचार रखा गया कि सभी स्वरूप एक ही हैं अथवा अपने इष्ट की पूजा सभी को प्राप्त होती है और किसी भी स्वरूप की पूजा करें, वह अपने इष्ट को प्राप्त होती है। अर्थात इष्ट अपने स्थान पर है, किंतु सभी स्वरूपों का अस्तित्व स्वीकार करना, उनको योग्य स्थान देना वास्तव में यही समन्वय है।

इसी प्रकार अपने विचार से स्वीकार की हुई सत्य की व्याख्या के प्रति आस्थावान रहना, किंतु दूसरों के विश्वास का भी निरादर न किया जाए। इस प्रकार का समन्वय ही व्यक्ति, परिवार, समाज और राष्ट्र आदि सभी का जीवन ठीक दिशा में चलाने में समर्थ होता है।

इसी प्रकार का समन्वय भिन्न-भिन्न समय पर भिन्न-भिन्न लोगों के द्वारा कैसे किया गया, इसका निरूपण ही इस **"समन्वय"** रुपी पुष्प का केंद्रीय विषय है। 'निसिचर हीन करहुँ महि, भुज उठाए प्रण कीन्ह',

'विनाशाय च दुष्कृताम्', 'घृणा पाप से करो, पापी से नहीं'- मर्यादा पुरुषोत्तम भगवान श्रीराम, योगेश्वर श्रीकृष्ण और महात्मा बुद्ध के द्वारा इस प्रकार किए गए उद्‌बोधन और कृतित्व वास्तव में एक ही बात के भिन्न-भिन्न स्वरूप हैं। इसलिए राम, कृष्ण, बुद्ध, महावीर, नानक और अन्य सभी चाहे विभिन्न अलग-अलग समय में हुए, लेकिन उनमें भेद नहीं है। इस अभेद को समझना ही परस्पर के समन्वय को सार्थक करता है।

अनेक पुस्तकों के लेखक, सिद्धहस्त लेखनी के धनी और अनेक वर्षों से सामाजिक जीवन में संगठनात्मक कार्य में सक्रिय श्री जगराम जी ने बड़ी कुशलता और लाघव के साथ भिन्न-भिन्न समय के बीच में महापुरुषों के द्वारा किये गए कार्यों के बीच का सुंदर समन्वय प्रस्तुत करने का प्रयत्न किया है। सुधी पाठक इस विचार का अवगाहन करते हुए भारतीय परंपरा के एक और महत्त्वपूर्ण सूत्र "नेति" को भी ध्यान में रखें। यह पुष्प भी इति नहीं है, नेति है। 'ना इति' अर्थात् यह अंत नहीं है और भी विचार हो सकते हैं; उनको जोड़ना, स्वीकारना और प्रचारित, प्रसारित करना आगे भी चलता रहेगा। इसी विश्वास के साथ मित्रवर जगराम जी के प्रति हार्दिक शुभकामनाएँ व्यक्त करता हूँ।

किशोरकान्त

श्री कृष्ण जन्माष्टमी, युगाब्द 5122
(12 अगस्त 2020)

किशोर कान्त
(केंद्रीय अभिलेखागार सह प्रमुख, रा.स्व.संघ)
केशव निवास, चंडीगढ़

श्री राम-दर्शन

चरण - १

१. सच्चा गुरू न तो स्वार्थी होता है और न स्वार्थ सिखाता है। वह भगवान का प्रतिनिधि होता है। भगवान का कार्य ही करता है और उसी की प्रेरणा देता है। उसमें मोह और अज्ञान दूर करने की सामर्थ्य होती है।

२. निर्मल विवेक से ही वास्तविकता का ज्ञान होता है।

३. सज्जन पुरुष आकर्षक भले न हो पर जन उपयोगी अवश्य हो।

४. १. परोपकार की भावना का विकास, २. दूसरों के दोषों को छिपाकर सद्‌गुण प्रकट करना। ३. संसार में सम्मान के अधिकारी सज्जन पुरुषों का अभिनंदन।

५. १. सही ढंग अपनाने से प्रभाव तुरन्त दिखता है। प्रभाव न दिखने का अर्थ है कि ढंग गलत है। २. इसका उद्‌देश्य बाह्य वेषभूषा, रंग-रूप बदलना नहीं, आंतरिक वृत्तियाँ बदलना है।

६. १. सज्जन को चाहिए कि बुराइयों को/ बुरों को अपने प्रभाव से श्रेष्ठ बना दे। २. बुरे के बीच पड़कर भी अपनी श्रेष्ठ वृत्तियों को न छोड़े।

७. संसार में जो कुछ है सभी ग्रहण करने योग्य नहीं है। श्रेष्ठ व्यक्ति में भले-बुरे का विवेक तथा उसे अपनाने-छोड़ने का साहस होना चाहिए।

८. संसार भगवान का विराट रूप है। यह जानकर संसार की सेवा सच्ची ईश्वर भक्ति मानो।

९. १. सन्मार्ग गामी सुधारकों को दुष्टों की निंदा से प्रभावित नहीं होना चाहिए। २. लोगों की रुचि के विपरीत जो भी कार्य होता है वे उसमें अड़ंगा लगाते हैं।

१०. १. विभूतियाँ ईश्वरीय अमानत हैं अतः उनका लोक कल्याण के लिए ही प्रयोग करना चाहिए। २. कविता गंगा के समान निर्मल और सबका भला करने वाली होनी चाहिए।

११. सचेत होकर कथा के तत्व को समझना चाहिए। कथा को समझने से पापों से अरुचि तथा लोक मंगल में रुचि होनी ही चाहिए।

१२. राम जैसे पुत्र से ही माता का यश फैलता है।

१३. भगवान लिंग भेद के परे हैं। चाहे उन्हें शक्ति रूप में, चाहे ब्रह्म रूप में माना जाये। भेद कहने भर का है वास्तव में वह एक ही है।

१४. भगवान को चाहे नाम के सहारे याद करें/रखें, चाहे रूप के सहारे बात एक ही है। ईश्वर को कहकर नहीं समझाया जा सकता पर सद्बुद्धि के द्वारा उसे याद/अनुभव किया जा सकता है।

१५. नाम से निर्गुण और सगुण दोनों तरह के उपासक प्रेरणा दे सकते हैं। इसलिए नाम को दोनों पक्षों से महत्व मिला है।

१६. निर्गुण और सगुण में भेद मानकर झगड़ा करना भूल है।

१७. सगुण और निर्गुण ब्रह्म में कोई भेद नहीं है।

१८. ऐसे श्रेष्ठ कार्य सद्बुद्धि द्वारा ही संभव होते हैं।

१९. रामचरित का गान करने वालों को अपना चरित्र उज्ज्वल रखना चाहिए।

२०. यदि रामचरित के प्रभाव से विकार न हटें और विवेक, वैराग्य उदय न हो तो समझो मात्र दिखावा ही किया जा रहा है।

२१. अपना अंत:करण निर्मल बनाना हमारा काम है। ऐसा न कर सकना हमारी कायरता का प्रतीक है।

२२. व्यक्ति के सर्वांगीण विकास के लिए आध्यात्मिक और भौतिक सभी पक्षों पर ऋषिगण विचार करते थे।

२३. तप द्वारा कठिन कार्य भी सुगम हो जाते हैं। शिव अर्थात कल्याण की प्राप्ति तप बिना संभव नहीं।

२४. तप के द्वारा भाग्य के अनुसार निर्धारित भावी घटनाक्रम भी बदला जा सकता है।

२५. उपयुक्त पात्र के साथ ही कन्या का विवाह करना चाहिए। अन्यथा कुँवारी रहने में बुराई नहीं। माँ-बाप को पुत्र और कन्या में भेद नहीं करना चाहिए। पति-पत्नी दोनों की सलाह से ही कोई कार्य करना चाहिए।

२६. किसी कार्य में मन न लगने का कारण अपने अंदर उसके प्रति अनुराग की कमी ही होता है।

२७. निष्ठा वाले/ अनन्य निष्ठा वाले दूसरे विकल्प नहीं सोचते।

२८. जो अपनी समस्या के समाधान के लिए स्वयं प्रयास करता है ईश्वर भी उसकी सहायता करता है।

२९. समाज की भलाई के लिए यदि स्वयं खतरा उठाना पड़ा तो भी पीछे नहीं हटना चाहिए।

३०. सम्मान और सराहना द्वारा बलिदानियों का उत्साह बढ़ाना सज्जनों का काम है।

३१. सामर्थ्य होते हुए भी जब तक प्रयास न किया जाये उसका प्रभाव दिखाई नहीं पड़ता।

३२. काम वासना जब सबल हो उठती है तो सद्गुण लुप्त हो जाते हैं।

३३. अस्वाभाविक स्थिति का अनुभव होने पर तुरंत उसका कारण खोजना चाहिए।

३४. अपनी स्वाभाविक शांति को भंग करने वाले कारण को विवेक के प्रयोग से नष्ट कर देना चाहिए। तीसरा नेत्र विवेक बुद्धि का परिचायक है।

३५. सच्ची निष्ठा दूसरों के बहकाने से भटकती नहीं। अपने ईष्ट के सही स्वरूप का बोध और उस पर विश्वास सच्चे साधक के गुण हैं।

३६. शिव मृत्यु के देवता हैं। सादा जीवन उच्च विचार/ शिव के स्वरूप की यही आध्यात्मिक व्याख्या समझनी चाहिए।

३७. शिव की बारात पिछड़े हुए समाज का प्रतीक है। शिव आदर्श महापुरुष हैं। अत: सबको साथ में रखते हुए सबका मंगल करते हैं। शिव के शृंगार एवं उनकी बारात से वर्तमान समाज की संगति मिलाते हुए उचित प्रेरणा दी जा सकती है।

३८. मैना का कन्या प्रेम तथा बुराई के विरोध का साहस सराहनीय है हमारी माताओं को इसी प्रकार का साहस करना चाहिए। तभी कुपात्रों से कन्याओं के विवाह रुक सकते हैं।

३९. कुश पवित्रता और सादगी का प्रतीक है। विवाह के साथ अनीति तथा अपव्यय के प्रसंग न जोड़ने की भावना कुश कन्या समर्पण के साथ जुड़ी है।

४०. लड़की के विदा के समय माता-पिता का कर्त्तव्य हो जाता है कि कन्या को कुशल दाम्पत्य निर्वाह के लिए सुंदर सीख दें।

४१. पति द्वारा भी पत्नी का सम्मान किया जाना चाहिए बराबरी का आसन देना अर्थात समान अधिकार प्रदान करना चाहिए।

४२. औषधि सेवन से स्वास्थ्य लाभ होता है। इसी प्रकार राम चरित्र पढ़ने से सब सुख प्राप्त होते हैं। इसलिए केवल सुनकर ही नहीं रह जाना चाहिए।

४३. स्वच्छ हृदय में ज्ञानपूर्वक राम का अनुभव किया जा सकता है।

४४. प्रबुद्ध तथा ज्ञानी पुरुषों की बात ही माननी चाहिए। मोह, मदिरा व्यक्ति को उन्मुक्त बना देती है।

४५. निराकार, साकार में से जिसे जो लगे, उस विधि से भगवान को माने।

४६. परमात्मा का आदि और अंत किसी ने नहीं पाया। बुद्धि से अनुमान कर वेद ऐसा गाते हैं।

४७. धर्म के पतन होने पर अभिमानी और नीच प्रकृति के राक्षस कहे जाने वाले लोग ही बढ़ते हैं।

४८. अन्याय, अनीति, अधर्म के बढ़ने से संसार में दुःखों की वृद्धि होती है।

४९. जब असुरता बढ़ जाती है और उसका नियंत्रण लौकिक स्तर पर नहीं होने पाता, तब भगवान की शक्ति विभिन्न रूपों में प्रकट होती है।

५०. यश फैलाने का उद्देश्य लोक-जीवन में उस मार्ग पर चलने का उत्साह पैदा करना है। भगवान का अवतार निरुद्देश्य नहीं होता।

५१. सदाचार सम्पन्न व्यक्ति ही श्रेष्ठ संतति पैदा कर सकते हैं। उनका यश ही अक्षय होता है।

५२. सत्ता की शक्ति का अनुयोग/ उपयोग मर्यादा पूर्वक किया जाये।

५३. वानप्रस्थ मर्यादा पालन करना सांसारिक जीवन से निवृत होकर लोक मंगल में लग जाना उचित है।

५४. भगवान से उनके प्रियजनों के अनुरूप भावना तथा आचरण की क्षमता माँगना ही श्रेष्ठतम उपहार माँगना है।

५५. सतर्कता और सावधानी आवश्यक है। सुंदर वेश और मीठी बोली पर आकर्षित न होकर वास्तविकता देखनी चाहिए।

५६. राजा का अज्ञान और ऐषणा देखने योग्य है। वह सृष्टि के सिद्धांत ही बदल देना चाहता था।

५७. अधिक संतान के दोष–अकारण घमंड और रोष, परिणाम विनाश है।

५८. जब भले लोग दुष्टता से भयभीत हो जाते हैं तो समाज में अनैतिकता बढ़ने लगती है।

५९. राक्षस रूप से नहीं बुरे कर्मों के कारण से होते हैं।

६०. अधर्म का भार पृथ्वी भी नहीं सह पाती है क्योंकि धर्माचरण से ही संसार का संतुलन बना है।

६१. परद्रोही इस पृथ्वी पर भार स्वरूप हैं। उन्हें कहीं भी आश्रय नहीं मिलना चाहिए।

६२. अपनी ताकत के बाहर काम दिखे तो निराश न होकर समर्थ व्यक्ति से सहयोग लेना चाहिए।

६३. बैकुंठ और क्षीर सागर को किसी स्थान और देश विशेष में समझ लेना मनुष्य की सबसे बड़ी भ्रांति है।

६४. समझदार व्यक्ति उचित अवसर आने पर ही बोलते हैं।

६५. यह ईश्वर की सर्वव्यापकता तथा प्रेम के वश में होने का प्रमाण है।

६६. स्थान विशेष के चक्कर में न पड़कर प्रेमभावना को शुद्ध और प्रखर बनायें।

६७. अंतर का सच्चा प्रेम उमड़ता है तो साधक में यह सब चिन्ह प्रकट होते हैं।

६८. बुराई को समाप्त करने के लिए व्यवस्थित मोर्चा बंदी करनी होती है।

६९. नेक सलाह मानने में देरी नहीं करनी चाहिए।

७०. उचित नेतृत्व और मार्गदर्शन की प्रतीक्षा की जानी चाहिए।

७१. सर्वग्राही असुरता से संघर्ष के लिए संगठित देव शक्ति की आवश्यकता होती है। वानर सादा जीवन उच्च-विचार के प्रतीक हैं। वन सैन्य संगठन का तथा गुप्त संगठन के उपयुक्त स्थान का प्रतीक है।

७२. यज्ञ से लौकिक तथा पारलौकिक इच्छाओं की पूर्ति होती है।

७३. गर्भकाल में बच्चे पर श्रेष्ठ संस्कार डालने के लिए अपने अंदर सद्‌गुणों को विकसित करना चाहिए।

७४. गर्भकाल हर्ष एवं प्रसन्नता के वातावरण में ही बिताया जाना चाहिए।

७५. भगवान का अवतरण एक दिव्य चेतना के रूप में होता है।

७६. संस्कार समय पर किये जायें। ज्ञानी, लोक सेवी ही श्रेष्ठ संस्कार दे सकते हैं।

७७. मुंडन संस्कार, बुद्धि विकास का संस्कार है। गुरू इसका विशेष ध्यान रखें।

७८. यज्ञोपवीत एक अनिवार्य संस्कार है। गुरू और माता-पिता उसे समय पर करायें।

७९. संस्कारवान, कुशाग्र बुद्धि के लोग थोड़े से ही संकेत से, मार्गदर्शन से अधिक सीख लेते हैं।

८०. बालकों में समाजहित का दृष्टिकोण प्रारम्भ से ही पैदा किया जाये।

८१. स्वयं ज्ञान उपार्जित कर अपने से पिछड़े लोगों को ऊँचा उठाने के लिए उनको प्रेरणा देना ही ज्ञानदान है।

८२. अपने से बड़े लोगों के प्रति शिष्टता के व्यवहार का दैनिक जीवन में अभ्यास करना चाहिए।

८३. बालक बड़ों का मार्गदर्शन लेकर सामाजिक कार्यों का अभ्यास करें, तो इससे बड़ों को प्रसन्नता होती है।

८४. श्रेष्ठ व्यक्ति जनहित के लिए अपनी प्रिय से प्रिय वस्तु प्रसन्नता से समर्पित कर देते हैं। श्रेष्ठ कार्य के लिए बड़ों का आशीर्वाद प्राप्त करना उचित है।

८५. श्रीराम ने अपने कार्य से अपनी पात्रता सिद्ध की तो उन्हें आगे की विद्या मिली। ऋषि ने सहायता ली और ज्ञान दिया। कोई व्यक्ति एक विषय में सहायता माँगता है तो दूसरे में दे भी सकता है।

८६. भगवान राम के शास्त्रविद्या गुरू वशिष्ठ और शस्त्रविद्या गुरू विश्वामित्र हुए। व्यक्ति को जिज्ञासु रहकर अधिकाधिक ज्ञानार्जन करना चाहिए। सच्चे गुरू सुपात्र शिष्य को सभी विद्यायें सिखा देते हैं।

८७. वीर आत्म विश्वासी भी होते हैं। समर्थ व्यक्तियों को चाहिए कि सत्कार्यों में विघ्न न आने देने के लिए सतर्क रहें।

८८. वीर पुरुष शत्रु को हानि पहुँचाये बिना अपनी शक्ति का परिचय देते हैं। फिर भी न मानने पर उनका संहार कर देते हैं।

८९. दुष्टों के समाप्त होने से सज्जन सुखी होते हैं और मुक्ति दिलाने वाले को यश मिलता है।

९०. जनक आदर्श महापुरुष थे। अत: उनका सारा समाज भी आदर्श था। नर-नारी की समानता तथा व्यक्ति और समाज के लिए आवश्यक गुण, आदर्श समाज का चित्र है।

९१. दोनों भाइयों का आदर्श प्रेम, जनक ज्ञान, ब्रह्म और जीव की स्वाभाविक मित्रता।

९२. धर्म संसार सागर का पुल है। ईश्वर धर्म रक्षक है तथा प्रेम के वश में है।

९३. बड़ों को चाहिए कि बच्चों को श्रेष्ठ कथायें सुनायें। इससे वे संस्कारवान बनते हैं।

९४. बच्चों को नियमित रूप से बड़ों की सेवा करनी चाहिए।

९५. जिनका मन सेवा में लगता है वे उसे जल्दी छोड़ते नहीं।

९६. निस्वार्थ भाव से की गई सेवा व्यक्ति को प्रेम से विह्वल कर देती है।

९७. बुद्धिमान सेवाभावी लोग सदैव ही सेवा के लिए सतर्क रहते हैं और आलस्य को दूर कर देते हैं।

चरण - २

१. ईश्वर अंतःकरण में निवास करता है। श्रद्धा और विश्वास से ही उसको देखा जा सकता है।

२. कन्या अपने अनुरूप ही वर चाहती है। योग्य और सद्गुणी वर से ही कन्या का विवाह करना चाहिए। गुणों का महत्व सर्वोपरि है।

३. भावना, आवेग आने पर भी देश, काल, पात्र का ध्यान रखकर ही बोलना चाहिए।

४. सभ्य समाज के व्यक्ति का मन स्वाभाविक रूप से ही अनैतिक कार्य, दुराचरण की ओर नहीं झुकता।

५. परस्त्री का चिंतन भी नहीं करना चाहिए। जिनका मन वश में होता है। उनमें बड़ा आत्मविश्वास रहता है।

६. बहादुरी केवल युद्ध में ही नहीं, मन को कुमार्ग पर न जाने में भी है।

७. अभावग्रस्तों की यथाशक्ति सहायता करें। शौर्य, संयम, सम्पन्न, निर्लोभ व्यक्ति कम मिलते हैं।

८. अपने मन की स्थिति गुरू के सन्मुख व्यक्त कर देनी चाहिए।

९. भगवान स्थूल आँखों से नहीं भावनात्मक दृष्टि से देखे जाते हैं।

१०. वीर पुरुष भगवान से प्रेरणा प्राप्त करते हैं।

११. दुराचारी व्यक्तियों को भगवान का भय ही लगा रहता है।

१२. छल से बाहरी रूप बदला जा सकता है आंतरिक भावना नहीं।

१३. भगवान और संसार हमें अपनी आंतरिक स्थिति के अनुरुप ही भला बुरा दिखाई देता है।

१४. सती स्त्री का मन गलत दिशा में आकर्षित नहीं होता है।

१५. लक्ष्मण को अपनी परम्परा तथा राम को अपने गौरव का ज्ञान था। जनक की बात राम के गौरव के प्रतिकूल थी। गलत बात के प्रतिवाद का लक्ष्मण का साहस सराहनीय है।

१६. गुण और प्रतिभा की तुलना शारीरिक लम्बाई–चौड़ाई से नहीं की जा सकती।

१७. प्रेम की उत्कृष्टता सब प्राप्त करा देती है। प्रेम में स्वार्थ नहीं त्याग भावना ही प्रधान है।

१८. ठीक समय पर कार्य करने का महत्व है। समय बीत जाने पर कार्य का कोई महत्व नहीं होता।

१९. भयभीत समाज को भयमुक्त करने के लिए साहसी व्यक्ति ही आगे आते हैं।

२०. कठोर वाणी वज्र के समान घायल करने वाली होती है। वाणी के दोषों की चर्चा परशुराम ने आतंक दिखाकर लक्ष्मण जी को चुप कराना चाहा। किन्तु वे निर्भय होकर उन्हें समझाने का प्रयास करते रहे। पर परशुराम जी उत्तेजित ही होते गए।

२१. दो व्यक्ति एक दूसरे को अपनी बात न समझा सकें और बात बढ़े तो तीसरे समझदार व्यक्ति को बीच में आकर उन्हें शांत करना चाहिए।

२२. बड़े लोग छोटों की स्वाभाविक भूलों को महत्व न देकर हँसकर टाल दें।

२३. क्रोध पहले स्वयं को ही हानि पहुँचाता है।

२४. छोटों को इशारे से ही मर्यादा में रखना उचित है। बड़ों के संकेत को उनकी आज्ञा जैसा मानना समझदारी है।

२५. अधिक सीधापन जहाँ कमजोरी समझा जाने लगे, वहाँ उसे कुछ समय के लिए छोड़ा भी जा सकता है।

२६. भगवान राम ऋषि को स्मरण दिलाते हैं कि आपने अनीति के प्रतिकार के लिए ब्राह्मण होकर भी क्षत्रिय रूप अपनाया था। अब वह उत्तरदायित्व हम पूरा करेंगे। आप पुनः अपने ब्राह्मणोचित गुणों पर ध्यान दें।

२७. वीर पुरुष को श्रद्धा से झुकाया जा सकता है। भय से झुकाने की बात सोचना भूल है।

२८. शालीनता ने अहंकार पर विजय पा ली। बुद्धि पर से भ्रम का पर्दा हटे बिना सत्य समझ में नहीं आता।

२९. बुद्धि का पर्दा हटते ही भगवान का रूप समझ में आया और अपना धनुष उन्हें परीक्षा लेने के नाम पर सौंप दिया। अर्थात आपत्तिकालीन स्थिति में अपनाया हुआ क्षत्रिय धर्म सुपात्र क्षत्रिय को पुनः सौंप दिया।

३०. सुपात्र के पास अधिकार स्वतः ही चला जाता है।

३१. सत्कार्यों का यश ही प्रकाश है। पुरुषार्थी ही सफल होते हैं। आदर्श पुत्र ही पिता का सम्मान बढ़ाते हैं। संतति निर्माण।

३२. जिस कार्य के लिए वेतन मिलता है। उसके लिए किसी से अतिरिक्त धन लेना अनीति है।

३३. सुख अपने ही सत्कार्यों की प्रतिक्रिया है।

३४. सच्चा धर्मात्मा सुख वैभव की कामना नहीं करता। परन्तु उसके पास उनकी कमी नहीं रहती।

३५. आदर्श संतति एवं उसके निर्माण में माता–पिता की अहम भूमिका होती है।

३६. आदर्श पुत्र एवं कन्या दोनों समान रूप से गौरव और पुण्यदायक हैं।

३७. गोधूलि की बेला सदैव पवित्र मानी गई है। इस समय किसी काम को करने के लिए मुहूर्त सोचने की आवश्यकता नहीं होती है।

३८. समान गुण, कर्म स्वभाव के संबंध ही प्रशंसनीय होते हैं।

३९. पति गृह जाते समय कन्या को ऐसी कुछ बातें बतलाना ही चाहिए जो कि उसके भावी जीवन को सुखमय बनाने के लिए कल्याणकारी हैं।

४०. पति–पत्नी का प्रेम दाम्पत्य जीवन में स्वर्ग सुख ला सकता है। इसलिए उसको पति से बिछोह न होने का आर्शीवाद दिया।

४१. गृह लक्ष्मी वही है जो परिवार के अन्य सदस्यों को शरीर के अंगों की तरह अपना मानकर उनकी सेवा करे। पत्नी को पति के स्वभाव की इतनी जानकारी रखनी चाहिए कि रूपरेखा देखकर ही उनकी इच्छा समझ ले और पूरी करे।

४२. स्त्री धर्म की शिक्षा जिसे वयोवृद्ध महिलाओं की अपेक्षा अनुभवी तथा हितैषी सखियाँ अधिक अच्छी तरह दे सकती हैं। शिक्षण स्नेह युक्त मधुर हो तो अधिक प्रभावशाली होता है।

४३. पुत्र और कन्या में भेद न करते हुए समयोचित शिक्षा संस्कार देना पिता का दायित्व है।

४४. ससुर के पिता को गुरू के समान सम्मान किया जाना चाहिए।

४५. घर के मुखिया को सबके सम्मान का ध्यान रखना चाहिए। पत्नियों को मधुर शब्दों द्वारा बुलाना चाहिए।

४६. वधुओं को सुखी रखने का उत्तरदायित्व घर की जेठी महिलाओं का होता है। लरिकिनी शब्द में वधुओं के प्रति पुत्री का स्नेह भरा है।

४७. गुरू का कर्त्तव्य, पारिवारिक गोष्ठी, नर-नारी समानता।

४८. सत्कर्मो से ही सुख मिलता है।

४९. पिता को चाहिए कि बच्चों के भरण-पोषण पर ही नहीं उनके गुणों के विकास पर भी ध्यान दें।

५०. समझदार व्यक्ति प्राकृतिक संकेतों को समझ लेते हैं।

५१. वृद्धावस्था के निकट पहुँचते ही अपने लौकिक उत्तरदायित्वों से मुक्ति लेकर परमार्थ कार्यों में लग जाने में ही जीवन की सार्थकता है।

५२. मर्यादा अनुसार राजा अपने निर्णय पर जनमति की सहमति भी लेते थे।

५३. राम भरत का प्रेम, भगवान भक्त का प्रेम कहते है। कछुआ दूर 'रहकर' मानसिक रूप से अपने अंडों का पोषण करता है।

५४. राज्य मिलने की प्रसन्नता के स्थान पर श्री राम जी को भाइयों के साथ समानता न बरती जाने का दुःख हुआ।

५५. भगवान राम के भक्त इस चरित्र से प्रेरणा लें जो अपने वैभव के लिए अपने बराबर वालों को दुःख-कष्ट पहुँचाने में नहीं हिचकते।

५६. कर्म व्यवस्था के अनुसार ही दुःख-सुख मिलता है। श्रेष्ठ कार्य के लिए अभिमान छोड़कर कष्ट भी उठाया जाये।

५७. बुरी बुद्धि वाले विघ्न संतोषी होते हैं।

५८. होनहार बुद्धि के माध्यम से ही अपना कार्य करते हैं। यदि हम सतर्क रहें तो अवांछनीय स्थिति टाली जा सकती है।

५९. ऊपरी रंग-रूप को देखकर किसी के गुणदोष नहीं जाने जा सकते हैं।

६०. दुःख और विपत्ति हम स्वयं आमंत्रित करते हैं।

६१. कुमति बड़ों को भी नष्ट कर देती है।

६२. बिना सोचे-समझे सर्वस्व समर्पण। राम का लोकप्रिय व्यक्तित्व।

६३. अच्छे गुणों के कारण ही वंश का नाम चला करता है।

६४. अज्ञान हाथ में आयी हुई सफलता को भी नष्ट कर देता है। बिना सोचे वचनबद्ध हो जाने का पश्चाताप करना पड़ा।

६५. उच्च सिद्धातों का हवाला निम्न स्वार्थों के पक्ष में देना उनका दुरुपयोग है।

६६. दु:ख पापों का परिणाम है तथा समयानुसार इसे भोगना ही पड़ता है।

६७. राजा अपनी दिनचर्या में इतने नियमित थे कि उसमें भूल होना लोगों के लिए आश्चर्य बन गया।

६८. ज्ञानी, बुजुर्ग, शुभचितंक का सम्मान इसी प्रकार किया जाना चाहिए। भले ही वह पद में हमसे छोटा हो।

६९. सोचने का ढंग बदला जा सके तो दु:ख के प्रसंग भी सुख के बन सकते हैं। कठोर समझी जाने वाली स्थिति में भी श्री राम ने प्रसन्न होने का मार्ग ढूँढ लिया ।

७०. अपना कुछ खो रहे हैं। इनके स्थान पर प्रिय भाई को राज्य मिल रहा है। यह सोचकर ही राम अपने को भाग्यवान कह सके। सहज ही भविष्य में प्राप्त होने वाले वैभव का त्याग भाई के हित में कर देना भातृप्रेम तथा हृदय विशालता का प्रतीक है।

७१. बिना विचारे कार्य करने पर विपरीत कार्य होते हैं। दोषों (काम) के वश में हो जाने पर ज्ञान और गुण नष्ट हो जाते हैं।

७२. राम तत्कालीन विकृतियों को समाप्त करना चाहते थे। राज्य बंधन था। राज्य छोड़ना राम की आनंद वृद्धि का कारण बना।

७३. धर्म का मर्म समझने वाला अपनी बात नम्रता पूर्वक कहने का अभ्यस्त होता है।

७४. बोलने की कला द्वारा उसी प्रसंग को शिकायत के रूप में न रखकर अपने लिए आवश्यक और उपयोगी रूप में प्रस्तुत कर दिया।

७५. उतावलापन छोड़कर धैर्य पूर्वक बुद्धि को सोचने का अवसर दिया जाये तो सही मार्ग मिल जाता है। परिवार के सभी बच्चों पर समान स्नेह रखना स्त्री का धर्म है।

७६. सास-बहू की संबंध व्याख्या, प्रेम ही प्रधान आधार है।

७७. किसी से यह कहना कि मैं कहता हूँ इसलिए मान लो, ठीक नहीं है। उस विषय के गुण दोष बताकर, बात का औचित्य समझाना चाहिए।

७८. सीता सुख में राम के साथ में थीं, वे दुःख में भी राम के साथ रहना चाहती थीं।

७९. आदर्श दाम्पत्य, दुःख-सुःख भावनाओं पर आधारित परस्पर प्रेम होने पर हर परिस्थिति में सुख दायक होता है।

८०. दोनों पक्षों के स्नेह की मर्यादा निभाने की क्षमता भगवान राम से सीखें।

८१. सास की सेवा के प्रति ऐसा ही उत्साह होना चाहिए कि यदि उसका मौका चूके तो बहू को हार्दिक पश्चाताप हो।

८२. सर्वस्व समर्पण, भक्त की परिभाषा, ऐसे प्रेमी ही प्रभु के साथ रह सकते हैं।

८३. सच्चे अर्थों में भाई के प्रति प्रेम के प्रतीक के रूप में लक्ष्मण जी का व्यक्तित्व उभरना प्रारम्भ होता है।

८४. भगवान के प्रति सच्चा समर्पण होता है तो सारे संबंध प्रभु में ही दिखते हैं, बाहर नहीं।

८५. लक्ष्मण जी के प्रेम को देखकर श्री राम जी को उन्हें साथ लेना ही पड़ा। ऐसी ही दशा भक्त और भगवान की होती है।

८६. माता के द्वारा पुत्र को कर्त्तव्य पालन की प्रेरणा का अनुकरणीय आदर्श माँ सुमित्रा ने प्रस्तुत किया है।

८७. संसार का सारा व्यापार तो स्वार्थ पर टिका हुआ है परन्तु भगवान बिना किसी स्वार्थ के सबके हितैषी हैं। भगवान के भक्त को भी वैसा ही होना चाहिए।

८८. भगवान गुणधाम हैं। उनके अंश गुणों के रूप में जिनमें विद्यमान होते हैं वही प्रिय लगते हैं।

८९. यदि हम अपने बालकों को राम सरीखा, मर्यादाओं का पालन करने वाला, समाज में व्याप्त बुराइयों को दूर करने वाला तथा सच्चे मानव धर्म की स्थापना में सहयोग देने वाला नहीं बनाते हैं तो फिर बिना पुत्र के ही बने रहना सार्थक तथा श्रेष्ठ है।

९०. सेवा परायण व्यक्ति को रागादि दोषों के प्रति इतना सतर्क रहना चाहिए कि वे भूल से भी मन या आचरण में न आने पावें।

९१. विकार हीन होकर ही सच्ची सेवा की जा सकती है।

९२. अपनें हितैषियों के साथ होने पर समस्त सुविधायें अभाव में भी बन जाती हैं।

९३. कर्त्तव्य की उपेक्षा नहीं करनी चाहिए क्योंकि भावुकता की तुलना में स्वधर्माचरण या कर्त्तव्य ऊँचा है।

९४. कर्मों का फल आज नहीं तो कल भोगना ही पड़ेगा।

९५. धर्म मार्ग में चलने के लिए धीर बुद्धि होकर स्वतः निर्णय लेना आवश्यक है।

९६. राम का अपने सेवकों के प्रति व्यवहार मधुर था।

१७. राम एक उद्देश्य लेकर वन जा रहे थे। भावुक भीड़ से पीछा छुड़ाना उचित था। कार्यसिद्धि हेतु उपाय का अवलंबन करना पड़ता है।

२१. राम राज्य की पूर्व भूमिका, त्याग, तपमय जीवन।

चरण - ३

१. पार्वती से शक्ति, गंगा से ज्ञान, चंद्रमा से विकासशील शांत बुद्धि कालकूट से तथा सर्पो से समाज के विकारों के शमन, भस्म धारण से मृत्यु रूप में अनुशासन तथा वैराग्य भावना आदि भावनात्मक संगतियाँ समझी जानी चाहिए।

२. अवतार का उद्देश्य अपने चरित्रों के माध्यम से, मनुष्यों का मार्ग निर्धारित करना है। रामचरित्र अनुसरण संसार सागर का पुल है।

३. राम नियमित संध्या उपासना करते थे।

४. वाणी का साधक हर विषय को सरस ढंग से कह सकता है। शिक्षा युक्त सरसवाणी लोगों का दुःख दूर कर सकती है।

५. किसी के सुख का श्रेय स्वयं लेना अथवा अपने दुःख का दोष दूसरों पर देना अनुचित है।

६. ये सब मन की स्थितियाँ हैं। यदि हम मन को अनुशासित कर लें तो वह प्रत्येक परिस्थिति में प्रसन्न रह सकता है।

७. संसार के दुःख द्वंद्व मोह के कारण पैदा होते हैं। परमार्थी इनसे सहज ही बच जाता है।

८. निद्रा अज्ञानी की स्थिति है और जागना ज्ञानी की। सुःख-दुःख को अज्ञानी यथार्थ मानता है और ज्ञानी के लिए मात्र स्वप्न की तरह ही है।

९. सुख-दुःख को हरि रूप समझ लेने पर उसके लिए किसी पर क्रोध या दोषारोपण निरर्थक लगने लगता है।

१०. मोहग्रस्त व्यक्ति सोये हुए की तरह है। जो वास्तविक दुनिया में देखकर तथा अवास्तविकता में खोया रहता है।

११. योगी और परमार्थी यथार्थ को समझते हैं। इसलिए वे जागे हुए कहे जाते हैं।

१२. जागृत स्थिति (ज्ञान की स्थिति) मिल गई यह तभी मानना चाहिए जब मनुष्य की मूल प्रवृत्तियाँ बदल जायें। मात्र कहने सुनने वाले की वह स्थिति नहीं माननी चाहिए।

१३. मन न लगने का कारण अविवेक, मोह और भ्रम है। बिना विवेक जगाये भक्ति की बात करने वाले अपनी भूल को समझें।

१४. भक्त की स्थिति पाना बड़ा भारी पुरुषार्थ है। उसे चित्र पूजा से नहीं पाया जा सकता।

१५. निष्ठावान की सही कसौटी है कि वह अपने सिद्धांतों, आदर्शों तथा धार्मिक भावों को किसी भी प्रतिकूलता में नहीं छोड़ें। जिन्होंने श्रेष्ठ जीवन जिया है। उनके प्रसंग व्यक्ति का गिरा हुआ मनोबल ऊँचा उठा सकते हैं।

१६. सत्य केवल बोलने तक सीमित नहीं है। उसे चिंतन से लेकर आचरण तक अभ्यास में लाना होता है। ऐसा सत्यवान व्यक्ति, भगवान का प्रिय बन जाता है।

१७. आदर्श दम्पत्ति *एक मन दो देह* की तरह होते है। जेवरों का मोह नहीं।

१८. सच्चा प्रेम प्रतिदान नहीं चाहता। कुछ न लेने पर ही भक्ति मिलती है।

१९. अपने अंदर भावना हो तो वस्तुओं के अभाव में भी हम स्नेह व्यवहार द्वारा दूसरों की सहायता कर सकते हैं।

२०. ब्रह्म, जीव और माया का सारा दर्शन स्पष्ट किया जा सकता है।

२१. ऋषि भगवान की व्यापकता प्रकट करते हैं।

२२. ऋषि परोक्ष रूप से साधकों को प्रभु के निवास के उपयुक्त अपना अंतःकरण बनाने की दिशा देते हैं।

२३. भक्त की जीभ से भगवान के गुणों की या उन गुणों युक्त व्यक्ति की ही प्रशंसा निकलती है। वह किसी को बुरा भी नहीं कहता तथा चापलूस बनकर बुरे से भला भी नहीं बनता।

२४. उपरोक्त विकारों को मन से हटाकर मन स्वच्छ बना लिया तो उनके अंतर में भगवान बसते हैं।

२५. हित करते हुए भी प्रिय बने रहना तथा मान-अपमान में समान भाव बड़ी साधना से आता है।

२६. सत्य और प्रिय बोलने के लिए चिंतन आवश्यक है। प्रातः नया जन्म तथा सोते समय मृत्यु की साधना का उल्लेख करें।

२७. नारी के प्रति पवित्र भाव तथा दूसरे के धन से विरक्ति हमें भगवान का प्रिय बना सकती है।

२८. संवेदनशील व्यक्ति ही भगवान की निकटता पा सकता है।

२९. जो निष्ठावान व्यक्ति किसी भी सगे-संबंधी के प्रेम के बहाने भगवान के मार्ग से विचलित नहीं होता और प्रधान संबंधी भगवान को ही मानता है। उसमें भगवान का प्रकाश उदय होता है।

३०. संसार में भला-बुरा सब है। उसमें से केवल गुण ही लेने योग्य है। विप्र, धेनु, परमार्थ परायण जीवन के प्रतीक हैं। ऐसों के हित के लिए स्वयं कष्ट उठाना पड़े तो उठाना चाहिए।

३१. अनैतिक तथा मर्यादाहीन व्यक्ति प्रभु को नहीं पा सकता है।

३२. किसी काम की सफलता का श्रेय भगवान को तथा असफलता का कारण अपनी भूलों को मानें। वही सदाचरण युक्त रह सकता है।

३३. सेवा धर्म केवल कहने सुनने भर से पूरा नहीं होता। उसमें मन, वचन, कर्म से लगना होता है।

३४. जिनमें सच्ची प्रेम भावना है वे चाहे भीलों जैसे अभावग्रस्त ही क्यों न हों भगवान उन्हें भी साधु संतों की तरह प्रेम देते हैं।

३५. वन में रहने वाले ऋषि और भील सभी की भावना का उन्होंने समान रूप से आदर किया।

३६. भगवान के प्रति सच्ची समर्पण भावना हो तो सांसारिक सुख भूल जाते हैं।

३७. भावना की प्रखरता हो तो जंगल जैसा अभावग्रस्त स्थान भी हजारों नगरों की सुख-सुविधाओं के समान सुखदायी हो सकता है।

३८. मनुष्य जब दु:ख में अत्यंत व्याकुल हो जाता है। तब सज्जन पुरुष उनके ज्ञान, पुरुषार्थ, पांडित्य की याद दिलाते हैं। कहने का तात्पर्य है कि ऐसा शोक तो नासमझ लोग करते हैं।

३९. समझदार व्यक्ति को सुख-दु:ख में भी धैर्यपूर्वक संतुलन बनाये रखना चाहिए।

४०. विवेक के अभाव में दु:ख के क्षण बड़े लम्बे प्रतीत होते हैं।

४१. मृत्यु के समय अपनी भूलें याद आने लगती हैं। उन्हें किसी से कहकर प्रायश्चित कर लेना चाहिए। कर्म फल का सिद्धांत अटल है।

४२. अपने कर्म का फल भोगने की बात याद आने पर या ध्यान में आने पर संसार का मोह छोड़कर भगवान की न्याय प्रियता का स्मरण करते हुए राजा ने देह का त्याग कर दिया।

४३. अरी दुर्बुद्धि वाली जब तेरे हृदय में यह बुरी बुद्धि आयी उस समय तेरा हृदय टुकड़े-टुकड़े क्यों नहीं हो गया।

४४. व्यक्ति को नीति और धर्म का समर्थन ही करना चाहिए। यदि आदरणीय स्वजन भी मोह के कारण गलत कार्य करें तो उनकी योजना में सम्मिलित नहीं होना चाहिए। सत्य मार्ग पर चलने के लिए विवेक संगत निर्णय और दृढ़ता आवश्यक है।

४५. भेद कपटी हृदय में होता है। माँ कौशल्या को भरत और राम समान रूप से प्रिय थे।

४६. भरत स्वयं को अनर्थ का कारण मानकर दुःखी थे। माँ ने उसे समय की न टाली जा सकने वाली घटना कहकर उनकी आत्मग्लानि को दूर किया।

४७. वेदों को बेचना, धर्म को दुहना, चुगलखोर ये सब समाज को पतन की राह पर ठेल देते हैं।

४८. जिनकी समझ में परमार्थ तथा सज्जनों की संगति का महत्व नहीं आया। वे जीवन निरर्थक गवाँ देते हैं इसलिए उन्हें अभागा कहा गया।

४९. प्रामाणिक रास्ता छोड़कर सस्ते रास्ते ढूँढना तथा अंतःकरण वैसा बनाये बिना ऊपरी वेश बनाना भी गहन पापों में गिना जाता है।

५०. सच्चा व्यक्ति अपनी सच्चाई के प्रमाण में बड़े से बड़ा दांव लगा देता है।

५१. मनुष्य केवल अपने कर्त्तव्य का निर्णय ले सकता है। किए हुए कर्म के अनुसार फल निश्चित विधान के अनुसार ही चलता है।

५२. सभी पूर्व कर्मानुसार ही फल पाते हैं। इसलिए दूसरों को दोषी ठहराना अथवा क्रोध करना अनुचित है।

५३. जो व्यक्ति श्रेष्ठ जीवन जिये और कर्त्तव्य पालन के लिए प्राण दे। वह प्रेरणा लेने योग्य है। इसका दु:ख नहीं करना चाहिए। दु:ख करने योग्य कैसे व्यक्ति होते हैं। ऐसे ब्राह्मण चिंता योग्य हैं क्योंकि वे समाज को सही दिशा नहीं दे सकते। इन गुणों से हीन शासक कभी भी राष्ट्र को गड्डे में डाल सकता है। इसलिए सोचनीय है। अर्थात जो ब्राह्मण वेद नहीं जानता, अपना धर्म छोड़कर विषय भोग में लीन रहता है, जो राजा नीति नहीं जानता, जिसको अपनी प्रजा प्राणों के समान प्यारी नहीं है ये चिंतनीय है।

५४. जो धनवान है पर कल्याणकारी कार्य में कंजूसी दिखाता है। वह समाज की प्रगति में बाधक बन जायेगा। ऐसा वैश्य सोचनीय है।

५५. जो ब्राह्मणों का अपमान करने वाला, अधिक बोलने वाला, ज्ञान का घमंड रखने वाला ऐसा शूद्र सोचनीय है।

५६. जो दोषी है वह सेवा परायण नहीं रह सकता।

५७. समाज में यदि (पति को छलने वाली कुटिल, झगड़ा करने वाली, बिना सोचे मनमानी करने वाली) ऐसी स्त्रियाँ बढ़ जायें तो परिवारों के संतुलन ही बिगड़ने लगें।

५८. अपने व्रत तथा गुरू की आज्ञा की उपेक्षा करने वाला ब्रह्मचारी अपने लक्ष्य को नहीं पा सकता।

५९. कर्म त्यागने वाला गृहस्थ और विवेक तथा वैराग्य से हीन संन्यासी न अपना भला कर सकते हैं और न समाज का।

६०. वानप्रस्थ की आयु प्राप्त होने पर भी जिन्हें समाज सेवा को छोड़कर सांसारिक भोग अच्छे लगते हों वे व्यक्ति चिंता के योग्य हैं।

६१. अपने शरीर को प्रधानता देने वाला स्वार्थी हर प्रकार से सोचनीय है। क्योंकि वह किसी के काम का नहीं होता है।

६२. स्वार्थी की ही तरह वह व्यक्ति सोचनीय है। जो भक्त तो कहलाता है पर छल नहीं छोड़ पाता है।

६३. जो विचार आचरण में न आयें तो वे व्यर्थ हैं।

६४. प्रेम के बिना कर्मकाण्ड निरर्थक हैं।

६५. विवेकशील साधक लोकमत से अप्रभावित रहकर ही सही निर्णय लेते हैं। तथा बाद में सब उनका समर्थन करते हैं।

६६. निस्वार्थ, शील, और प्रेम की ही प्रशंसा होती है।

६७. लोक मंगल में बाधक होने पर संपत्ति, घर, सुख, संबंधी, माता-पिता और भाई बेकार हैं। सभी का परित्याग कर देना चाहिए।

६८. सारी सम्पत्ति भगवान की ही है। ऐसा मानकर उसकी सुरक्षा करना हर भक्त का कर्त्तव्य है। सम्पत्ति मेरी नहीं मुझे क्या करना यह भाव कर्त्तव्य से गिरा देता है।

६९. नगर सुरक्षा के लिए किसी को रोकने से वह बुरा मानेगा इस बात को भरत ने महत्व नहीं दिया, बल्कि राष्ट्रीय सम्पत्ति की सुरक्षा की बात सोची। भले ही कोई उन्हें बुरा कह ले।

७०. अनीति से संघर्ष के लिए निषाद का शौर्य और साहस, अपनी पूरी शक्ति से अनीति को रोकने की चेष्टा, सार्थक मृत्यु के प्रति उत्साह, सज्जन और राम भक्त बन सकने वाले का जीवन सार्थक आदि।

७१. सोच समझकर ही कोई कार्य करना चाहिए।

७२. जो व्यक्ति अपना व्यक्तित्व प्रभु को समर्पित कर देता है। वह प्रभुमय हो जाने से सबका सम्मान पाता है।

७३. सद्‌गुणों का प्रकाश ही व्यक्ति एवं संसार को प्रकाशित करता है।

७४. इसी महान व्यक्तित्व के कारण राम का यश स्थिर है। हमें भी राम के गुणों का अनुकरण करना चाहिए।

७५. सेवक को स्वामी की अपेक्षा कम सुविधाओं से काम चलाना चाहिए। अन्यथा वह सेवा का ढोंग भर ही कर सकेगा। आज के समाज सेवियों को समाज के औसत स्तर से कम सुविधायें लेकर कार्य करने का अभ्यास करना चाहिए।

७६. परमार्थ भावना से आध्यात्मिक अनुदान माँगना बुरा नहीं है। भरत ने माँगा भी वही। किन्तु माँगने की सहज परिपाटी अच्छी नहीं इसलिए वे अपने को बुरा कहते हुए ही माँगते हैं।

७७. भरत की निस्वार्थ प्रेमभावना, बड़े से बड़े आकर्षण को भी अपने प्रेम के सामने छोटा सिद्ध कर देती है।

७८. समाज को मार्गदर्शन देने के लिए ऋषि जंगल में रहते हुए भी महत्वपूर्ण घटनाओं की पूरी जानकारी रखते थे। विधि कर्त्तव्य से उनका तात्पर्य ईश्वरीय योजना से है। जो सबके कल्याण के लिए होती है। उसमें व्यक्तियों को कष्ट उठाना पड़े तो उसे सहर्ष उठाना चाहिए।

७९. ईष्ट देव के अनुसार ही पूजा होनी चाहिए। आस्तिकता का सारा दर्शन इसमें आ जाता है।

८०. भक्त का मार्ग सुखद है। धर्म मार्ग पर चलने वालों की सब सहायता करते हैं।

८१. कर्मप्रधान से तात्पर्य यह है कि भाग्य आदि भी है तो किन्तु वह कर्म की ही प्रतिक्रिया में है। संसार की व्यवस्था में कर्म को पहला स्थान प्राप्त है।

८२. ओछी मनोभूमि के व्यक्तियों को श्रेष्ठ अधिकार मिल जायें तो वे उसका श्रेष्ठ उपयोग करने की जगह अपने ओछेपन का ही प्रदर्शन करने लगते हैं।

८३. भगवान को अपना वैभव दिखाकर अपना बड़प्पन दिखाने की धृष्टता अवश्य ही दण्डनीय है।

८४. अनीति करने के इच्छुक अपने भाई भी वध किए जाने योग्य हैं।

८५. देवताओं का संकेत है कि शौर्य और साहस के साथ विवेक भी जुड़ा रहना चाहिए। अन्यथा परिणाम दुःखदायी होते हैं।

८६. सत्कार्य के लिए उतावला व्यक्ति भूल करने लगे तो उसे रोकना तो चाहिए, किन्तु उसकी श्रेष्ठ भावना का आदर करके उसका सत्कार्य के प्रति उत्साह बनाये रखना चाहिए।

८७. राम की दृष्टि में भरत की सज्जनता की साधना इतनी श्रेष्ठ है जिसकी बराबरी संसार में अन्य कोई नहीं कर सका। अतः उन्हें राजमद नहीं हो सकता यह विश्वास है।

८८. संसार में महान पुरुषों का जन्म नहीं हो तो धर्म की रक्षा कौन करे? लोगों को सन्मार्ग पर कौन चलावे?

८९. श्रेष्ठ शासन व्यवस्था होने पर प्रजा हर प्रकार की सुविधाओं से सुखी हो जाती है।

९०. सुराज में विवेक का राज्य हो, अर्थात सर्वोपरि महत्व किसी व्यक्ति को न देकर विवेक को महत्व दिया जाता हो। सलाह, राग द्वेष के प्रभाव में नहीं वैराग्य के साथ अर्थात निष्पक्ष दी जाती है।

९१. अच्छे राज्य की रक्षा यम, नियम, आदि श्रेष्ठ अभ्यासों से होती है। राजधानी पर्वत की तरह सम्पन्न और अजेय हो तथा विवेक के साथ शांति और सुमति सदा रहे।

९२. विवेक जब मोह को उसके सहयोगियों सहित जीत ले तभी बिना विघ्न के अच्छे राज्य का लाभ मिल सकता है।

९३. तुलसी की महत्ता समझकर उन्हें स्वयं अपने निवास के पास के स्थान पर लगाना चाहिए।

९४. भगवान राम जंगल वासियों में भी यज्ञीय भावना का प्रसार करते थे। वेदी इसीलिए बनी थी। सीता जी हर प्रकार के ग्रहकार्य में निपुण थीं। महिलाओं को ऐसा ही होना चाहिए।

९५. आश्रम (घर) इतने साफ, सजे हुए और सुसंस्कार युक्त रखने चाहिए। जहाँ पहुँचते ही मन में प्रसन्नता और पवित्रता का उदय होने लगे।

९६. आदर्श यही है कि आयु में छोटा, बड़े के प्रति आदर एवं नम्रता का भाव रखे तथा बड़ा, छोटे के प्रति स्नेह पूर्ण समता का।

चरण - ४

१. गुरू के प्रभाव से कुटिल व्यक्ति भी जीवन में श्रेष्ठता प्राप्त कर सकते हैं। गुरू नित्य अर्थात एक शाश्वत चेतना है। जो व्यक्ति के माध्यम से प्रकट होती रहती है।

२. भगवान धर्म का मर्म समझते हैं। तथा उसकी स्थापना के लिए आते हैं। इसलिए उन्हें धर्म धुरीन कहा गया है। मर्यादा पालने के लिए उन्हें किसी दूसरे के दवाब की आवश्यकता नहीं पड़ती इसलिए वे स्ववश हैं।

३. भगवान का अवतार 'संसार' के भले के लिए होता है। जिनमें भगवान का प्रकाश उदय होता है। उन्हें भी ऐसा ही करना चाहिए।

४. भगवान से अपने लाभ के लिए प्रार्थना करने वाले यह तथ्य भूल जाते हैं कि हमारी अपेक्षा भगवान यह बात अच्छी तरह जानते हैं कि हमारा हित-अहित कैसे होगा?

५. भरत जी जनहित में बड़े से बड़ा त्याग करने को तैयार हैं। ऐसे व्यक्ति जिस समाज में हों वहाँ स्वर्ग निवास करेगा ही।

६. अर्थ की कामना वाला तथा व्यसनी व्यक्ति समस्या का केवल एक ही अंग देख पाता है।

७. अपने प्रियजनों का मन रखना अच्छी बात है। किन्तु उसे उक्त सभी मर्यादाओं के अन्तर्गत ही पूरा किया जाना चाहिए। किसी का मन रखने के लिए सब सिद्धांतों की उपेक्षा नहीं की जा सकती।

८. छोटों को महत्वपूर्ण निर्णय अपने सामने लेने-देने की छूट देना उनके आत्म विश्वास को बढ़ाता है।

९. अपने छोटों का मन बढ़ाने के लिए स्वयं हारने में जीत से भी अधिक प्रसन्नता होती है। तथा परस्पर स्नेह बढ़ता है, सो अलग।

१०. ईश्वर सबके प्रति समानता का बर्ताव करता है। लोग अपने कर्म और भावनाओं के अनुसार फल पाते हैं।

११. भक्तों की आचरण पद्धति, जो किसी सुख के लिए सेवा करते हैं उनका कल्याण नहीं।

१२. श्रेष्ठ वस्तु हर जगह नहीं मिलती। उसे प्रयास पूर्वक प्राप्त करना चाहिए।

१३. हमारे सुख-दु:ख हमारे कर्मों की प्रतिक्रियायें हैं।

१४. कठिन गति से तात्पर्य किसी के पक्ष में न झुकने वाली व्यवस्था तथा सामान्य मनुष्य की समझ के बाहर की गति से है।

१५. सभी शुभ-अशुभ क्रियायें ईश्वर के निर्धारित नियमों के अनुसार ही चलती है।

१६. भला-बुरा हमारे कर्मों की प्रतिक्रियायें है। इसके लिए उन्हें दोष नहीं दिया जा सकता है।

१७. कुल दीपक समझा जाने वाला पुत्र अनीति नहीं कर सकता है।

१८. पुत्र-सुपुत्र निकले तो कुल का यश बढ़ता है। तथा पुत्री-सुपुत्री हो तो वह दोनों कुलों का यश बढ़ाती है। अत: लड़कियों को संस्कारवान बनाने पर विशेष ध्यान दिया जाना चाहिए।

१९. जो कार्य सभी के हित के स्थान पर स्वयं के सुख भोग की दृष्टि से किये जाते हैं उन्हें धर्ममुक्त कार्य नहीं कहा जा सकता है।

२०. गुरू अपने ज्ञान और अनुभव के कारण माता–पिता से भी अधिक हित, कर सकते हैं।

२१. बैरी क्रोध वश तथा प्रेमी मोहवश सही स्थिति नहीं देख पाता। ऐसी स्थिति में यदि स्वार्थपूर्ण निर्णय हो गया तो सेवक धर्म खण्डित होगा।

२२. पराधीन का अर्थ है कि बुद्धि प्रेम भाव के अधीन है। अतः निष्पक्ष निर्णय नहीं ले सकती।

२३. जहाँ ज्ञान और भक्ति है वहाँ दोष दुर्गुण नहीं रह सकते।

२४. वास्तविक दर्शन के लिए आंतरिक विवेक नेत्र आवश्यक है।

२५. गुण ग्रहण और दुर्गुण त्याग की प्रेरणा ही प्रभु कृपा है।

२६. अपने छोटों की योग्यता पर भरोसा करना उचित है। पर उनकी योग्यता बढ़ाते रहने के लिए समय देखकर अपना मार्गदर्शन भी देते रहना चाहिए।

२७. अनुभव की कमी से राज्य की रक्षा कैसे होगी? इस प्रश्न का समाधान गुरू की सामर्थ्य का ध्यान दिलाकर कर दिया। श्रेष्ठ मार्गदर्शन के आधार पर तत्परता से चले तो अनुभवहीन व्यक्ति भी बड़े कार्य संभाल सकता है।

२८. किसी व्यक्ति की भावनाओं की मृदुलता समझते हुए भी उसे कठोर कर्त्तव्य पालन की प्रेरणा देनी पड़ती है। समय की माँग देखते हुए उसे अनुचित नहीं कहा जा सकता।

२९. भाई का महत्व शरीर में हाथ की तरह है। शरीर पर वज्र भी गिरे तो पहले हाथ आगे आकर उसे यथाशक्ति रोकता है।

३०. सेवक शरीर के अंगों की तरह तालमेल से काम करने वाले हों तथा स्वामी मुख की तरह विचारशील हो तभी सराहनीय है।

३१. भगवान की ओर मुख करते ही 'दु:ख और दोषों' की ओर से पीठ हो जाती है। अर्थात उनका प्रभाव नहीं रहता है। ऐसी स्थिति में साधक को भरत की तरह संतोष प्राप्त होता है।

३२. भरत ने स्वयंसेवक भाव से गुरू के मार्ग दर्शन में राज्य की रक्षा का उत्तरदायित्व स्वीकार कर लिया किन्तु कर्त्तव्य का बोध होता रहे तथा प्रेरणा मिलती रहे इसके लिए आधार (सहारा) माँगा।

३३. जैसे खाना केवल मुँह खाता है पर अन्न का पोषण शरीर के सारे अंगों को उचित अनुपात से मिल जाता है। उसी प्रकार मुखिया द्वारा नियंत्रण तथा वितरण किया जाना चाहिए।

३४. मुखिया का यह सिद्धांत परिवार, समाज तथा राष्ट्र सभी पर लागू होता है।

३५. सबसे श्रेष्ठ आधार मार्गदर्शन है। जिसे भरत को श्री राम जी ने सबसे पहले दिया।

३६. संकोच पर भावना ने विजय पायी और श्री राम ने भरत को प्रतीक चिन्ह दे दिया।

३७. भगवान राम का व्यवहार सबके साथ, लिंगभेद, पदभेद, जातिभेद, आदि से परे था।

३८. सगुण ईश्वर की झाँकी, प्रभु इन्हीं सद्‌गुणों के रूप में भक्त के हृदय में निवास करते हैं।

३९. नगर के पुरोहित को निस्वार्थ भाव से नगर वासियों को धर्म का सही रूप समझाते रहना चाहिए। ताकि नगरवासी उस पर चलकर सुख पूर्वक रह सकें।

४०. भरत स्वयं सिंहासन पर नहीं बैठे उस पर भगवान की पादुकायें रख दीं और स्वयंसेवक की तरह अपना कर्त्तव्य पूरा करने लगे। निस्पृह सेवा का ऐसा उदाहरण विश्वभर में मिलना कठिन है।

४१. तप से शक्ति का जागरण होता है।

४२. जिन भोगों के लिए दुनिया लालायित रहती है। उन्हें मनोबल सम्पन्न व्यक्ति तृण की तरह छोड़ देते हैं।

४३. चंपा की सुगंध सबको लुभाती है। पर भौंरा उससे दूर रहता है। कहते हैं कि उस गंध से उसे कष्ट होता है। जब चित्त भगवान में लग जाता है। तो संसार के भोग साधक को हर्षदायक नहीं कष्ट दायक लगने लगते हैं।

४४. भौतिक दृष्टि वाले जिसे देख ललचाते हैं, आध्यात्मिक दृष्टि वालों को यह चमन की तरह विकार युक्त दिखते हैं।

४५. भावना यदि सही दिशा पर जाये तो ऐसी ही (ईश्वरीय) लाभकारी सिद्ध होती है।

४६. साधना के लिए वन जाना आवश्यक नहीं। साधक चाहें तो भरत की तरह अपने कर्त्तव्यों को पूरा करते हुए भी प्रखर साधना कर सकते हैं।

४७. श्रेष्ठ भक्त की भगवान से भी अधिक सराहना होती है।

४८. धैर्य, धर्म, मित्र और नारी ये चारों वैसे तो हर मनुष्य के साथ रहते हैं पर यदि आपत्ति के समय भी साथ दें तभी वे सच्चे हैं। अन्यथा दिखावटी कहे जाते हैं।

४९. सज्जन पुरुष किसी को कष्ट में नहीं देखना चाहते। अनीति किए जाने का कोई चिन्ह देखकर उसकी उपेक्षा न करके उसका विवरण जानना चाहिए। ताकि उसके निवारण का प्रयास हो सके।

५०. सत्पुरुष दुष्टों द्वारा सताये जाते हैं। यह जानकर जिनकी संवेदना न जागे वे व्यक्ति भी असुर कोटि के कहे जाने योग्य हैं।

५१. जन कष्ट देखकर ऊपरी दया ही न दिखावे बल्कि मिटाने के लिए साहस भी दिखावे। ऐसे व्यक्ति मूल कष्ट दूर होने तक घर-घर जाकर अपनी स्नेह सद्भावना से लोगों को सुख पहुँचा सकते हैं।

५२. भगवान का वरदान सद्गुणों के रूप में ही मिलता है।

५३. स्वयं समर्थ होते हुए भी किसी बड़े कार्य को करते समय अनुभवी विचारकों से सलाह लेनी उचित है। इससे कार्य का स्तर तथा उसकी सफलता की संभावना बढ़ जाती है।

५४. प्राणी मात्र के प्रति सहानुभूति रखना मनुष्य का परम धर्म है।

५५. क्षत्रिय का कार्य समाज को दुष्टता से निर्भय बनाना है।

५६. जानकार व्यक्ति संक्षेप में ही तत्व की बात कह लेते हैं। किन्तु वह समझ में तभी आती है जब मनोयोग पूर्वक सुना-समझा जाये। यहाँ मन, बुद्धि, चित्त का अंतर भी समझ लेना चाहिए।

५७. अपने पराये का बंधन मनुष्य को माया के बंधन में बाँधता है।

५८. माया के बंधनों से मुक्ति पाने के लिए मन की वासनाओं से ऊपर उठना पड़ता है। बुद्धि मन से परे है। अतः निर्णय का काम बुद्धि से लेना चाहिए।

५९. अभिमान तभी बढ़ता है। जब व्यक्ति अपने को दूसरों से श्रेष्ठ समझता है। किन्तु सच्चे ज्ञान द्वारा जब सबमें परमात्मा ही दिखायी देता है। तो छोटे-बड़े का प्रश्न ही नहीं रहता है और अभिमान नहीं बढ़ता।

६०. सामान्य त्यागी संसार के वैभव को ही त्याग पाते हैं। किन्तु सिद्धियों आदि के मोह में फंस जाते है। श्रेष्ठ त्यागी उनको भी महत्व नहीं देते।

६१. जीव ईश्वर का अंश है। पर अपना बोध न होने से माया के वश में रहता है। आत्मबोध की स्थिति में वही आत्मा ईश्वर रूप में होकर माया को भी आदेश देने वाली सर्वोच्च सत्ता बन जाती है।

६२. भव बंधन से मुक्ति बिना सच्चे ज्ञान के नहीं मिलती। ज्ञानयोग अर्थात ईश्वर के साथ अपने आपको जोड़ने से प्राप्त होता है। किन्तु

यह योग संसार के प्रति वैराग्य भावना के बिना संभव नहीं। वैराग्य धर्माचरण अर्थात श्रेष्ठ कर्मो द्वारा प्राप्त हो सकता है।

६३. भक्ति में प्रेम मिला रहता है। प्रेम की भावना में मनुष्य सारे जगत को अपना मानकर चलता है। जब सारा जगत अपना हो जाता है तो ईश्वर तो अपने आप अपना हो गया। इसी प्रेम के कारण भक्त में प्रसन्नता अधिक बनी रहती है।

६४. धीरे-धीरे जिस मनुष्य के मन से बेकार की इच्छायें निकल जाती हैं और मन में घमंड नहीं रहता तब वह ईश्वर उसमें अपना स्थान बना लेता है क्योंकि ईश्वर निर्मल मन में ही आता है।

६५. खाली समय का उपयोग परस्पर ज्ञान संवर्धन में ही किया जाना चाहिए।

६६. राक्षसों का बाह्य रूप नहीं अंतःकरण भयानक होता है।

६७. लोग अपने अंतःकरण की परछाई ही बाहर देखते हैं। जिन राम लक्ष्मण को देखकर ऋषियों में भक्ति भावना जागती थी उन्हें ही देखकर सूपर्णखा में काम वासना जागने लगी।

६८. जो व्यभिचार और व्यसन के लिए भीख-सी माँगता है। उसे सम्मान और शुभ गति नहीं मिल सकती।

६९. जिसे अपने शरीर को आराम देने की आदत है वह सेवा कर ही नहीं सकता।

७०. निर्लज्ज नारी या पुरुष जब अपने भ्रष्ट आचरण से बाज नहीं आवें तो नाक, कान, काटने जैसा ही पाठ सिखाना चाहिए कि फिर उसे प्रकट करके वह अपनी निर्लज्जता द्वारा दूसरों को न ठग सके।

७१. वीर पुरुष दुष्ट व्यक्तियों से भयभीत न होते हुए उनसे डटकर संघर्ष करते हैं। जो खल हैं असल में वे मनुष्य रूप में भी पशु हैं।

७२. मनुष्य वही है जो समाज में फैले हुए बुरे कर्मों को नष्ट करे तथा सज्जन पुरुषों की रक्षा करे। समाज के नौजवानों को सदा ऐसे कामों के लिए तैयार रहना चाहिए।

७३. अनीति का कारण मिट जाने पर सब लोग प्रसन्न हो जाते हैं।

७४. सही नीति न जानने से राज्य नष्ट हो जाते हैं। धर्म न जानने से धन का दुरुपयोग होकर वह व्यर्थ ही खर्च हो जाता है। सत्कर्म किए भी और उन्हें भगवान की कृपा न मानकर स्वयं श्रेय लेने का अहंकार किया तो वे भी व्यर्थ हो जाते हैं।

७५. विद्या मिल जाये पर उसे कहाँ, किस प्रकार उपयोग में लाया जाये यह विवेक न जागे तो विद्या बेकार ही रह जाती है।

७६. प्रेम के वातावरण में विनम्रता के स्थान पर भय और आनंद रखा जावे तो वह प्रेम का वातावरण समाप्त हो जाता है। घमण्ड के कारण व्यक्ति अपने गुणों का उपयोग अपने तथा दूसरों के लिए नहीं कर पाता अत: वह नष्ट हो जाता है।

७७. शत्रु, स्वामी और सर्प छोटा हो तो भी रुष्ट होने पर अनिष्ट कर सकता है। तथा रोग, आग एवं पाप उपेक्षा के कारण बड़े हो जाते है और व्यक्ति को नष्ट कर देते हैं।

७८. अंकुश और धनुष चोट करते समय ही झुकते हैं। सर्प और बिल्ली हमले के लिए झुकते हैं। इसी प्रकार दुष्ट व्यक्ति अपनी घात लगाने के लिए ही झुकते हैं।

७९. जो सदा दुष्टता करते हैं। वे अचानक मीठी वाणी बोलने लगें तो वह खतरे का चिन्ह ही समझा जाये।

८०. घर छोड़ते समय अपने से छोटों को उत्तरदायित्व के प्रति सचेत कर देना चाहिए। उत्तरदायित्व केवल शारीरिक शक्ति से पूरे नहीं होते

उसके लिए विवेक, बुद्धि तथा समयानुसार निर्णय की क्षमता भी चाहिए।

८१. व्यभिचारी व्यक्ति वेष बदलकर नारियों के चरित्र भंग करने का अवसर ढूँढा करते हैं। इसलिए ऐसे व्यक्तियों से घर की नारियों को सावधान रहना चाहिए।

८२. अच्छे से अच्छा व्यक्ति भी यदि संयोगवश गलत मार्ग पर चल पड़ता है तो उसका सारा तेज, उसकी अक्ल तथा उसकी शक्ति नष्ट हो जाती है।

८३. संकट के समय धैर्य और साहस तथा सूझ-बूझ से काम लेना चाहिए।

८४. दुष्ट व्यक्ति अपनी पोल खुल जाने पर मर्यादा भूल कर हाथापाई पर उतर आते हैं। गलत आचरण का भय आदमी की शक्ति कम कर देता है।

८५. क्रोध के वशीभूत होकर जो भी काम किया जाता है उसका परिणाम प्रतिकूल होता है और पीछे पछताना पड़ता है।

८६. नैतिक बल जिसके साथ होता है वह वृद्ध जटायु जैसा होकर भी राक्षस राजा रावण को निर्भयता पूर्वक ललकार देता है।

८७. अनीति का प्रतिरोध करने से अनीति करने वाले का मनोबल टूटता है। जटायू के प्रतिरोध से रावण का भी आत्मविश्वास डिग गया।

८८. सीता ने अपना मानसिक संतुलन नहीं खोया। श्री राम को अपने हरण का समाचार मिल सके इसके लिए बंदरों को उनका नाम भी सुना दिया तथा प्रमाण चिन्ह भी छोड़ दिए।

८९. सत्य में हजार हाथियों का बल होता है। दुनिया की कोई भी शक्ति हमें सत्यपथ से विचलित नहीं कर सकती। हमारी बहनों में सीता जैसा साहस होना चाहिए।

९०. श्री राम की तरह पत्नी के केवल रूप को नहीं गुण, शील और सदाचार परायणता को अधिक महत्व देना चाहिए।

९१. लोक हित में बलिदान होने वालों का परमगति पर अधिकार हो जाता है। यह भगवान स्वयं स्वीकार करते हैं।

९२. परमार्थी के ऊपर लोक श्रद्धा तथा प्रभु कृपा भरपूर रहती है। स्वयं तो वह पुरुषार्थी होता ही है। ऐसे व्यक्ति के लिए कुछ भी दुर्लभ नहीं रह जाता।

९३. जिसने अपनी सारी इच्छायें त्याग दीं, ऐसे व्यक्ति के प्रति भगवान भी अपनी श्रद्धा व्यक्त करते हैं।

९४. यदि सांसारिक बड़प्पन मनुष्य में हो पर भावना श्रेष्ठ न हो तो वह सूखे बादल जैसा निरर्थक है।

९५. महत्वपूर्ण बात सावधान होकर सुनी जाये और मन में धारण कर ली जाये। तभी उसका लाभ उठाया जा सकता है।

९६. संतों की संगति का अर्थ है अपने जीवन की गतिविधियाँ भी उन्हीं की तरह हो जायें।

९७. सच्ची प्रसन्ता का भाव होने से अनुकरण भी स्वत: होने लगता है।

९८. मंत्र का जप दृढ़ विश्वास से किया जाना चाहिए। मंत्र का अर्थ सूत्र से, परामर्श से होता है। मंत्रों में जीवन की दिशा के संकेत होते हैं। उन्हें विश्वास पूर्वक अपनाना चाहिए।

९९. बहुत से कर्म ऐसे है। जो मनुष्य के लिए अनुचित होते हैं पर आकर्षणवश लोग उन्हें करते हैं। ऐसे कर्मों से विरक्ति होनी चाहिए। शील सज्जनोचित कर्मों के पालन के लिए है।

१००. संत जन साधारण के स्तर पर आकर उन्हें भगवान तक पहुँचाने में सहायक होते हैं। अत: उन्हें भगवान से भी अधिक मानना भक्ति का चिन्ह कहा गया है।

१०१. पुरुषार्थ पूरा करें किन्तु संतोष थोड़े में भी कर लें। जो न मिल सके उसके लिए दूसरे को दोष न देकर अपने प्रयास की कमी माने।

१०२. अंतःकरण को इतना स्वच्छ बना लें कि कोई छल कपट किसी के भी प्रति न रह जाये। भगवान पर इतना विश्वास हो कि हर शुभ अथवा अशुभ प्रसंग के पीछे भगवान के उद्देश्य को समझ सकें। तभी हर्ष विषाद से परे हो पाते हैं।

१०३. भक्ति भावना सच्ची हो उसका रूप भले ही कुछ भी हो वह साधक को भगवान की निकटता प्राप्त करा सकती है।

१०४. भगवान का रूप सभी में देखते हुए उनके प्रति अपने उचित कर्त्तव्य की पूर्ति करने में चित्तवृत्तियों का शोधन और तप दोनों हो जाते हैं। अतः यह भक्ति साधना उच्चस्तरीय योग भी बन जाती है।

१०५. यह खल है, लगता है कि इन्हें हमने जीत लिया और इन्होंने (काम, क्रोध, लाभ) हार मान ली है पर थोड़ी असावधानी होते ही तुरंत चोट कर बैठते हैं।

१०६. **प्रथम भक्ति** - संतों का सत्संग। **दूसरी भक्ति** - कथा प्रसंग में प्रेम। **तीसरी भक्ति** - गुरुचरणों की सेवा। **चौथी भक्ति** - कपट तज गुणगान। **पंचम भक्ति** - मंत्र जाप में दृढ़ विश्वास। **षष्ट भक्ति** - इंद्रियों का निगृह। **सप्तम भक्ति** - संसार को ईश्वरमय देखना। **अष्टम भक्ति** - संतोष करना। **नवम भक्ति** - सरलता और कपट रहित बर्ताव करना।

चरण - ५

१. जो लोग सांसारिक चतुराई से सुख पाना चाहते हैं उनका सुख उथले पानी की तरह होता है। जिसमें जल घटने अथवा पकड़े और मारे जाने का भय रहता है। धर्माचरण द्वारा प्राप्त सुख सदा एक सा रहता है।

२. संसार के विषय अग्नि और सर्प जैसे खतरनाक होते हैं। साधक नन्हे बच्चे की तरह खिलवाड़ मानकर पकड़ने को आतुर हो उठता है।

३. भगवान किसी व्यक्ति के मोह अथवा चढ़ावे के मोह से भक्त के वश में नहीं होते। वे कुछ मर्यादाओं के पालन से प्रसन्न होते हैं। भगवान द्वारा बतायी जाने वाली उन मर्यादाओं को हम भली प्रकार समझकर जीवन में ला सकें तो धन्य हो जायें।

४. संतों का वेष नहीं संत जैसा अंतःकरण बनाना चाहिए।

५. मित भोगी का अर्थ अपनी सांसारिक आवश्यकताओं को कम-से-कम बना लेने वाले हैं। कवि का अर्थ दूरदर्शी होता है। योगी वह है जो अपने को भगवान से जोड़ दे। संत ऐसे ही होने चाहिए।

६. संत केवल उपदेश ही नहीं कहते। कहे हुए आदर्शों को अपने तथा दूसरों के जीवन में प्रविष्ट कराने में निपुण होते हैं।

७. सच्चे संत अपने शरीर तथा साधनों को प्रभु की इच्छानुसार ही प्रयुक्त करते है। वे उनके अपने नहीं रह जाते।

८. हमेशा अपनी प्रशंसा तथा दूसरों की बुराई सुनने से आदमी बिगड़ जाता है।

९. जप ईश्वर स्मरण, तप श्रेष्ठ लक्ष्य प्राप्ति के लिए कष्ट स्वीकार करना, व्रत-वृत्तियों के शोध और विकास के लिए संकल्प बद्ध आचरण, दम-हीन प्रवृत्तियों का दमन, संयम-शक्तियों का अपव्यय न होने देना, नियम-अपने लिए आचार संहिता का निर्धारण और पालन।

१०. अपने से श्रेष्ठ के प्रति श्रद्धा, पराजित के प्रति क्षमा, समान स्तर वाले से मित्रता, छोटों पर दया, तथा सबके प्रति प्रसन्नता का भाव रखा जाता है।

११. वैराग्य-संसार के आकर्षणों से रुचि हट जाना। विवेक-सही गलत के निर्णय की क्षमता, विनय-नम्रता पूर्वक अपनी बात समझाना, विज्ञान-ज्ञान को आचरण में लाने की योग्यता, यथार्थ का ज्ञान का अर्थ परम्परा अथवा अपनी मान्यता के अनुरूप नहीं वरन् समय की आवशकता के अनुरूप शास्त्र ज्ञान का सही उपयोग है।

१२. दम्भ-शेखीकोरी, अभिमान-अपनी किसी अच्छाई के कारण अपने को दूसरों से श्रेष्ठ समझना, मद-अपने बड़प्पन की कल्पना में शराबी की तरह यथार्थ को समझ ही न पाना।

१३. संत भगवान के चरित्र से प्रेरणा लेते रहते हैं। और बिना अपने स्वार्थ अथवा यश की कामना के ही सेवारत रहते है।

१४. सारे विश्व को भगवान का रूप मानकर निष्ठा। पूर्वक सेवा करना ही ईश्वर की भक्ति है। प्रेम का परिपाक ही भक्ति है। ऐसा भक्त प्रभु को विशेष प्रिय है।

१५. ढोंगी मित्र को देखकर, देखने वाले के मन में भी वैसे भाव आ सकते हैं और वह पाप के रास्ते पर बढ़ सकता है। अत: देखने में भी पाप लगने की बात कही गयी है।

१६. बुरे मार्ग से रोकने और अच्छे मार्ग पर चलाने के सूत्र यही हैं। गुण प्रकट करना अथवा सराहना अथवा उत्साह वर्धन द्वारा उस पथ पर बढ़ावा देना। अवगुण छिपाना अर्थात समाज में उसकी प्रतिष्ठा न होने देना।

१७. मित्रता उससे करनी चाहिए जिसके स्वभाव में टेढ़ापन न हो भूल से गलत व्यक्ति से मित्रता हो जाये तो उसे छोड़ने में देरी न करें।

१८. काँटा शरीर में दिखायी नहीं देता, पर थोड़ी-सी हरकत से ही भारी पीड़ा देता है। ऐसा ही कष्ट मूर्ख राजा, कंजूस राजा, कुलटा स्त्री, कपटी मित्र आदि से मिलता है। इनके दोषों से होने वाली हानियाँ समझायी जानी चाहिए।

१९. पवित्र संबंधों के प्रति बुरी निगाह किसी भी कीमत पर सहन नहीं की जानी चाहिए। उसके निवारण के लिए समझने से लेकर वध तक के हर प्रयास को धर्म संगत कहा जाता है।

२०. आत्मा के पाँच कोष (आनंदमय, विज्ञानमय, मनोमय, प्राणमय, अन्नमय) उन सबकी तुलना में यह स्थूल (अन्नमय) सबसे हीन है। यह बराबर गंदगी भी विसर्जित करता रहता है। अतः इसे अधम कहा गया है।

२१. अन्त्येष्टि और मरणोत्तर संस्कार जीवात्मा की शांति के लिए और समाज को प्रेरणा देने के लिए किए जाते हैं।

२२. सदाचारी व्यक्ति को सत्ता सौंप देना ही काफी नहीं, उसे उस अधिकार के सही उपयोग के ढंग भी बताये सिखाये जाने चाहिए। यह मार्गदर्शन समकालीन विचारकों से प्राप्त किया जाना चाहिए।

२३. आत्मा परमात्मा का रूप है। परन्तु संसार के विषयों को छूते ही वे उससे लिपट जाते हैं और जीव मलिन हो जाता है।

२४. विवेक जाग्रत होने पर साधक के मन में नए-नए सुविचार पैदा होने लगते हैं।

२५. श्रेष्ठ राज्य व्यवस्था होने पर दुष्टों के धंधे, काला बाजारी, मिलावट, भ्रष्टाचार आादि समाप्त हो जाते हैं।

२६. दोषों का उन्मूलन करते रहने से गुण पुष्ट होते हैं।

२७. भक्त की मनोभूमि ही ऐसी बन जाती है कि वहाँ विकार के बीज आ पड़ें तो भी पनप नहीं सकते।

२८. बच्चों में श्रेष्ठ संस्कार पैदा किए जाने चाहिए। यदि उनमें कुसंस्कार पनप जाते हैं तो वह कुल का नाम बढ़ाने के स्थान पर सारी श्रेष्ठता पर पानी फेर देते हैं।

२९. ज्ञान संगीत के प्रभाव से जाग्रत और नष्ट होता रहता है। अत: प्रयास पूर्वक अच्छी संगति ही करनी चाहिए।

३०. मनुष्य लोभवश अनीति में पड़कर अपयश और दु:ख पाता है। संतोष की वृत्ति का उदय होते ही लोभ समाप्त हो जाता है और व्यक्ति शांति पाता है।

३१. समाज के बड़े कार्य करने के लिए अपने आसपास के व्यक्तियों के प्रति अपना लगाव कम करना पड़ता है। विवेकवान पुरुष इसे धीरे-धीरे कम करते चलते हैं।

३२. जो व्यक्ति परिस्थितियों के दबाव के कारण शुभ कर्म नहीं कर पाते, अनुकूल परिस्थितियाँ प्राप्त होने पर उनकी भावना कार्यरूप में प्रकट होने लगती है।

३३. जो गृहस्थ आय की घटा बढ़ी के अनुसार संतुलित बजट बनाकर चलना नहीं जानता, वह थोड़ी-सी आय घटने अथवा बढ़ने या अतिरिक्त खर्च आ पड़ने पर दु:ख उठाता रहता है।

३४. भगवान की भक्ति पाने के लिए जैसा स्वच्छ मन तथा समर्पण का भाव होना चाहिए, वह शर्त विरले लोग ही कर पाते हैं। अतः सच्ची भक्ति किसी-किसी को ही प्राप्त होती है।

३५. काम, क्रोध, लोभ आदि शत्रुओं को जो जीत लेता है। वह भगवान के समान हो सकता है। अर्थात ईश्वर साक्षात्कार कर सकता है।

३६. जिन्हें भगवान से प्रेम है। वे उनके कार्य के लिए बड़े से बड़े आकर्षण छोड़कर आगे आ जाते हैं।

३७. बड़े कामों को वही सफलतापूर्वक कर सकता है जिसमें बल और बुद्धि दोनों हो।

३८. भगवान सब कर लेंगे यह भाव गलत है। उनका काम करने वालों को अपनी शक्तिभर उपाय करना पड़ता है तभी भगवान की शक्ति सहायक होती है।

३९. श्रेष्ठ व्यक्ति अपने कर्त्तव्य का स्मरण करके ही उत्साहित होते हैं। राम का कार्य करने के लिए यह शरीर बना है। यह सुनते ही हनुमान एक दम तैयार हो गये।

४०. सहायता करने वालों का मन न टूटे इसलिए हनुमान जी ने उसे स्पर्श किया तथा फिर उसकी भावना का सम्मान करते हुए प्रणाम किया। साथ ही कार्य के बीच में विश्राम न करने की श्रेष्ठता का परिचय दिया।

४१. परमात्मा की कृपा हर काम की भयंकर कठिनाइयों को हल्का कर देती है। इसलिए परमात्मा की कृपा पाने की अपनी पात्रता बढ़ानी चाहिए।

४२. सुरसा समस्याओं की प्रतीक है। हम जितना ही उनका समाधान करने को बड़े बनते हैं वह उतनी ही बढ़ती जाती है। हमें हनुमान जैसा

छोटा रूप बनाकर इनके मुँह से बाहर हो जाना चाहिए। सादा जीवन उच्च विचार की संगति इस प्रमाण से बैठती हैं।

४३. पूजा स्थल को उठने बैठने के स्थान से अलग ही रखना चाहिए।

४४. घरों में प्रेरणाप्रद चिन्ह, वाक्य, तुलसी की स्थापना करने से परिवार में अच्छे संस्कार तथा आरोग्य बढ़ता है।

४५. सज्जन व्यक्ति से परिचय अपनी ओर से प्रयास पूर्वक करना चाहिए। उनका परिचय जीवन को सन्मार्ग पर ही लगाता है।

४६. बुद्धिमती पत्नी को पति के गलत कार्य का समर्थन न कर उसे रोकना चाहिए।

४७. प्रेम के बाहरी रूप दुनिया को दिखाई देते हैं पर उसका मूल आधार क्या है यह तत्व तो सच्चा प्रेमी ही जान सकता है।

४८. हम शरीर से कहाँ है यह बात कम महत्व की है। मन से कहाँ हैं यह तथ्य अधिक महत्व रखता है।

४९. बुद्धि, बल और चतुरता का समन्वय ही कार्यसिद्धि में सहायक है। ऐसे सत्पात्रों को ही माँ कार्य सौंपती है।

५०. राम का कार्य करने वालों को हर परिस्थिति के लिए तैयार रहना चाहिए।

५१. राम का सेवक किसी से भयभीत नहीं होता है।

५२. ईश्वर देव प्रवृत्तियों का रक्षक है। वह विविध शरीर धारण करता है। अवतार का मुख्य उद्देश्य दुष्टता का उन्मूलन है।

५३. स्वामी के कार्य में लज्जा कैसी?

५४. अच्छे आचरण से वंश या यश और बुरे आचरण से अपयश होता है। श्रेष्ठता वंश से नहीं कर्म से है।

५५. सारे साधन हमें ईश्वर के उत्तराधिकारी के रूप में ईश्वरीय प्रयोजन की पूर्ति हेतु मिले हैं। यदि हम इनका दुरुपयोग करते हैं। तो ये हमसे छीन लिए जाते हैं और हम दण्ड के पात्र होते हैं।

५६. सूझ-बूझ के धनी, राम के सेवक बुरी से बुरी परिस्थिति में भी घबराते नहीं और अपनी योजना बना लेते हैं।

५७. संत पुरुष अपने भले की ही सलाह देते हैं। संत विभीषण ने हनुमान जी के साथ दुर्व्यहार करने से रोका था पर उनकी बात मानी नहीं गई थी।

५८. सामूहिक दण्ड में भी सज्जन व्यक्ति दण्ड से बच जाता है।

५९. लोकहित के काम पूरे होने पर मनुष्य की प्रसन्नता और ओज में वृद्धि होती है।

६०. छोटे दिखने वाले व्यक्ति भी श्रेष्ठ कार्य कर लें तो उन्हें भी पूरा सम्मान दिया जाना चाहिए।

६१. उपकार का बदला समाज में चुकाने का प्रयास करना चाहिए। इससे अपना ऋण हल्का होता है और समाज में उपकार की परिपाटी चलती रहती है।

६२. सच्चे सेवक प्रभु को कर्जदार बना लेते हैं क्योंकि वे सेवा के बदले में कुछ नहीं लेते।

६३. लोग अपनी भूलों से राज्य, स्वास्थ्य और धर्म नष्ट कर देते हैं। मंत्री, वैद्य और गुरू का काम लोगों को सावधान करके अपने प्रभाव का उपयोग करके भूलों से दूर रखना है। पर जब वे ही यह उत्तरदायित्व पूरा न करें तो समझो अनर्थ होकर रहेगा।

६४. परस्त्री की कामना कलंक देने वाली सिद्ध होती है।

६५. जो प्रवृत्तियाँ समाज के लिए अहितकर है। उन्हें बढ़ावा देकर समर्थ से समर्थ व्यक्ति भी नष्ट हो जाता है।

६६. मनुष्य में दोनों प्रकार के विचार रहते हैं। अतः बुरे विचारों की काट तथा अच्छों को बढ़ावा देकर ही व्यक्ति सही मार्ग पर चल सकता है।

६७. हमारी भली या बुरी स्थिति के लिए जिम्मेदार और कोई नहीं हमारी सुबुद्धि या कुबुद्धि ही है।

६८. कुबुद्धि के कारण मनुष्य का दृष्टिकोण ही गलत हो जाता है और स्वयं अपनी हानि करने लगता है।

६९. बड़ा भाई जो समझाने पर भी खोटा मार्ग न छोड़े तो उससे संबंध त्याग ही देना चाहिए। अपने सही पक्ष की सार्वजनिक घोषणा भी कर देनी उचित है।

७०. भगवान भक्त का वेश नहीं अंतःकरण देखते हैं। अतः उन्हें पाने के लिए उन्हीं की पसंद का अपने को बनाने का प्रयास करना चाहिए।

७१. दृढ़ संकल्पवान भले मनुष्य अपना धर्म दुष्टों के बीच में रहते हुए भी सुरक्षित रख लेते हैं।

७२. मनुष्य के अंदर राग, द्वेष आदि दोष मोह की स्थिति में ही पनपते हैं और परिणाम स्वरूप दुःख और पतन की स्थिति पैदा होती है।

७३. ज्ञान का उदय होते ही मन के भीतर का मोह नष्ट हो जाता है।

७४. किसी भी व्यक्ति के प्रति अपना प्रेम उसकी विशेषता के कारण पनपता है। हर व्यक्ति इस विशेषता को भावना का ही प्रकाश माने इससे हमारा प्रेम अलग-अलग व्यक्तियों के प्रति होते हुए भी एक भगवान के प्रति दृढ़ होगा।

७५. समदर्शी पक्षपात रहित व्यक्ति को कहते हैं। हर्ष, शोक तथा भय के प्रसंग जिसका संतुलन न बिगाड़ सकें वह व्यक्ति उनसे परे माना जाता है।

७६. देव का आश्रय न लेकर अपने पुरुषार्थ का प्रयोग करने को तैयार रहना चाहिए। सत्कार्य में बाधक बने तो उसे रोष पूर्वक मार्ग से हटा देना उचित है।

७७. आलसी व्यक्ति भाग्य के भरोसे रहते हैं। पुरुषार्थी कर्म करते हुए अपने भाग्य का निर्माण कर लेता है।

७८. जड़ बुद्धि अर्थात अविकसित बुद्धि वाले सज्जनता का आग्रह बहुत बार नहीं समझते तो उन्हें भय दिखाकर सही रास्ते पर लाना उचित है।

७९. एक ही नीति सब जगह सफल नहीं होती। अतः आवश्यकतानुसार उसे बदलते रहना चाहिए।

८०. दुष्ट व्यक्ति नम्रता को सामने वाले का गुण नहीं बल्कि दब्बूपन मानता है। कपटी व्यक्ति प्रेम में भी चालबाजी सोचता है। कंजूस उदारता सिखाने वाले को ठग मानता है।

८१. क्रोध का लक्षण है असंतुलन और शांति का है संतुलन। कामी नई-नई आकाँक्षा करता है। लोभ व्यक्ति को अंधा बना देता है।

८२. जो कार्य जन-साधारण को असंभव से लगते हैं उन्हें प्रभु समर्पित व्यक्ति खेल-खेल में ही कर डालते हैं।

८३. कुशल व्यक्ति कार्य को तेजी से, सुंदरता तथा मजबूती के साथ पूरा करते हैं।

८४. संसार में अधिकांश मनुष्य चिकनी-चुपड़ी बात कहने और सुनने के अभ्यस्त हैं। हमें हितकारी शिक्षा जो सुनने में कठोर लगती है उसको ग्रहण करना चाहिए।

८५. प्रकृति की जड़ समझी जाने वाली वस्तुओं में भी परमात्मा का अंश विराजमान है।

८६. मन, बुद्धि, चित्त, अहंकार ईश्वर के चेतना स्थल हैं। मनुजवास का अर्थ है ईश्वर, दिव्य चेतना के रूप में मनुष्य में निवास करता है। वही अवतार कहलाता है।

८७. सारी श्रेष्ठ प्रवृत्तियाँ ईश्वर के अंश से ही उत्पन्न हैं। अत: श्रेष्ठ प्रवृत्तियों का विरोध ईश विरोध ही है। ऐसा विरोधी नष्ट हो ही जाता है।

चरण - ६

१. सज्जनों को लाभ देने से सज्जनता बढ़ती है। दुर्जनों को दण्ड देने से दुर्जनता घटती है। जो यह दोनों कार्य करने में समर्थ है वही सबके लिए कल्याण का मार्ग बना सकता है।

२. श्रेष्ठ व्यक्ति यदि मर्यादावश हमसे कुछ पूछे तो अहंकार वश उसे अपने से कम जानकर न मान बैठें। उसकी श्रेष्ठता का स्मरण करके उसी स्तर का उत्तर देने का प्रयास करें।

३. सेवक से तिरस्कार पूर्वक न बोलें और उसके गुणों का स्मरण कराने और प्रोत्साहन देने की कुशलता होना चाहिए। उन गुणों (बल, बुद्धि, गुणों की खान) वाला सेवक ही राम का कार्य कर सकता है।

४. जिसे सन्मार्ग पर लाना हो उसके द्वारा किए गये श्रेष्ठ कार्यों का स्मरण दिलाकर उसकी अच्छाई उभारनी चाहिए। उत्तम कुल वाला और देव पूजन करने वाला भी कुकर्मों के कारण राक्षस समझा जाता है तथा दण्ड का पात्र होता है।

५. वाममार्गी, कामुक, कंजूस, अत्यंत मूर्ख, बहुत ही दरिद्र, बदनाम, बहुत बूढ़ा व्यक्ति ये सब जीवन का लाभ उठाने की स्थिति में नहीं रह जाते हैं।

६. जीवित शव का अर्थ है जो जीवित दिखते भर हैं पर अंत:करण जिनका मर चुका है। अत: मानव जीवन का लाभ नहीं उठा सकते।

७. बुरे कर्म करने वाले ज्ञानी नहीं हो सकते।

८. जो विघ्न आने पर नीति छोड़ देते हैं वे संत नहीं हैं।

९. परमात्मा के प्रतिकूल चलने से तथा बुरे कर्म अधिक करने से ज्ञान नष्ट हो जाता है।

१०. धर्म, बल, बुद्धि और विचार जिसके नष्ट होते हैं। वह अवश्य नष्ट हो जाता है।

११. हर पत्नी को मंदोदरी की तरह अपने सत् कर्त्तव्य के लिए साहस रखना चाहिए।

१२. दुराचारी व्यक्ति गुणरहित हो जाता है।

१३. भ्रम, संदेह अंधकार की स्थिति है क्योंकि उसमें कुछ समझ नहीं पड़ता। ज्ञान प्रकाश रूप है जो भ्रम निवारण करके सही स्थिति प्रकट कर देता है।

१४. राम की व्यवस्था के अनुकूल चलना ही भजन है। ऐसे लोगों के लिए राम, कृपानिधि और प्रेमी हैं तथा उनकी व्यवस्था के प्रतिकूल चलने वालों के लिए वे कालरूप हैं। राम के दोनों स्वरूपों को याद रखना चाहिए।

१५. राम भक्तों को धोखा नहीं दिया जा सकता। कपट का भंडाफोड़ होने पर वास्तविकता स्पष्ट हो जाती है। ढोंगियों के साथ यही बर्ताव करना चाहिए।

१६. मनुष्य की मूल प्रवृत्ति तो निर्मल रहती है किन्तु आलस्य, नशा, मांसाहार के प्रभाव से आसुरी वृत्ति उभारकर मनुष्य कुकृत्य करने लगता है।

१७. जब भक्तों की शक्ति समाप्त होने लगती है तब ईश्वर स्वतः अपना कार्य सम्पन्न करता है।

१८. स्वतः अपने पुण्यों का वर्णन करने से वे कम हो जाते हैं। राक्षसों की संख्या कम हो रही है।

१९. बुरे व्यक्तियों में भी कुछ गुण होते हैं। जिनके कारण वे आगे बढ़ते हैं। सरल हृदय व्यक्ति विरोधी के भी गुणों की प्रशंसा करते हैं। ताकि लोग गुणों का महत्व समझें।

२०. अंत समय में कपट त्याग देने से सद्गति मिल जाती है। मेघनाद साधक था पर जीवनभर भ्रान्ति वश साधना शक्ति का दुरुपयोग करता रहा। अंत समय उसका भ्रम दूर हुआ तो उसने अपनी साधना के अभ्यास का सदुपयोग करके सद्गति पा ली।

२१. मंदोदरी सुसंस्कार वाली नारी थी। वह रावण को भी अनीति करने से बराबर रोकती रही। उसके श्रेष्ठ और सबल संस्कारों का प्रभाव अंत समय मेघनाद के काम आया। इसलिए अंगद, हनुमान उसकी माँ की सराहना करने लगे।

२२. नीच व्यक्ति जब बार-बार भी ठोकर खाकर अपना ढंग नहीं बदलता तो उसके सहयोगी भी उसकी बुराई करने लगते हैं। उसके प्रति श्रद्धा हट जाती है।

२३. रावण का वह ज्ञान दिखावटी था। यदि सही होता तो सांसारिक वैभव, यश तथा अंह के लिए वह अनर्थ करता ही क्यों? नकली ज्ञान बड़ा ही हानिकारक होता है।

२४. जिसके आचरण अपने कथन से उल्टे हैं उसका प्रभाव श्रोताओं पर नहीं पड़ता।

२५. बड़ाई उपदेश करने में नहीं आचरण सम्पन्न बनने में है।

२६. अहंकारी व्यक्ति घटनाओं से कुछ न सीखकर अहंकार के कारण सर्वनाश करा लेता है।

२७. समाज द्रोही कभी सुख नहीं पा सकता।

२८. रक्षा और विजय के लिए विभीषण स्थूल साधनों, उपकरणों को आवश्यक मानते थे।

२९. पहियों की तरह शौर्य और धैर्य के सहारे विजय यात्रा होती है। सत्य और सदाचार पताका की तरह प्रतिष्ठा के प्रतीक बनते हैं।

३०. शक्ति, विवेक, इंद्रियों का वश में होना और परमार्थ- यह जीवन रथ को प्रगतिशील बनाते हैं। इनको क्षमा, दया और समता के सहारे नियंत्रित रखा जाता है।

३१. इस रथ को सही दिशा देने की क्षमता ईश्वर निष्ठा में है। लोभ, मोहादि के शत्रुवत वार वैराग्य भावना से रोके जाते हैं और संतोष उनको काटकर फेंकने में समर्थ है।

३२. दान साधनों के दुरुपयोग को काट देता है। बुद्धि शक्ति की तरह तथा श्रेष्ठ विज्ञान धनुष की तरह दूर से वार करने में समर्थ है।

३३. शम, दम, नियम बाण हैं। यह निर्मल और स्थिर मन में ही रखे जा सकते हैं। तथा यह श्रेष्ठ विज्ञान द्वारा ठीक प्रकार, ठीक लक्ष्य पर छोड़े जा सकते हैं।

३४. समाजसेवी तथा सद्प्रेरणा देने वाले व्यक्तियों के प्रति आदर का भाव होने से अनैतिक आकर्षणों का व्यक्ति पर प्रभाव नहीं हो पाता। उनका अनुभव हर अनिष्ट से बचा लेता है।

३५. इन गुणों एवं आचरणों का आधार बनाकर चलने वाला हर बाधा पार कर जाता है। विरोध या तो आता नहीं, आता है तो टिक नहीं पाता।

३६. रथ मजबूत हो तो तभी युद्ध की चोटों को सहता चल सकता है। वह दुष्टों और बाधाओं को तो जीतता ही चलता है, सज्जनों के दिलों को भी जीत लेता है।

३७. गलत उद्देश्यों के लिए यज्ञादि कर्मकाण्डों का सहारा लेने वाले शठ और अज्ञानी कहे जाते हैं। उससे उनका कल्याण भी नहीं हो सकता है।

३८. दुष्ट अनुचित इच्छायें करते हैं और अनुचित वार्ता टिकती नहीं, यह सिद्धांत है।

३९. भगवान कल्याणकारी इच्छाओं की ही पूर्ति करते हैं। अकल्याणकारी इच्छाओं का तो शोधन ही किया जाता है क्योंकि उससे समाज में कष्ट और दुःख अधिक ही बढ़ता है।

४०. दुष्ट जब समर्थ व्यक्ति का कुछ नहीं बिगाड़ पाते तो उसके सहयोगी कम शक्ति वालों को सताने लगते हैं। उनसे सतर्क रहना चाहिए।

४१. अपनी ही नहीं अपने सहयोग के लिए आगे बढ़ने का साहस करने वालों की रक्षा का भी उत्तरदायित्व श्रेष्ठ जन उठाते हैं।

४२. बड़े व्यक्ति दूसरों का दुःख स्वयं ही सहन कर लिया करते हैं किन्तु अपने आश्रित को कष्ट नहीं होने देते।

४३. अनीति का प्रतिरोध करने वालों में अपार शक्ति आ जाती है। विभीषण ने असहयोग, वाणी द्वारा विरोध त्याग तथा संघर्ष, सब प्रकार से रावण का मुकाबला किया।

४४. दुष्टता के मूल स्रोत को पहले नष्ट करना चाहिए। तभी उसके अंग उपांगों को नष्ट करने में सहायता मिलती है।

४५. वाहन की झूठी शान को महत्व न देकर स्वजनों की भावना को महत्व दिया गया। सीता जी को पैदल चलाने का उद्देश्य यह था कि सब लोग उन्हें सुविधा से देख सकें।

४६. मर्यादा पुरुषोत्तम श्री राम ने अपने वचनों द्वारा नारी की मर्यादा की रक्षा की है।

४७. लोकहित करने वालों को समाज का हार्दिक सम्मान प्राप्त होता है।

४८. व्यक्ति के पाप ही उसे नष्ट करते हैं।

४९. महान पुरुष अपनी सफलता का श्रेय अपने छोटे–छोटे सहयोगियों को देते है। उनके द्वारा की गई सहायता के प्रति कृतज्ञता प्रकट करते हैं।

५०. जो भगवान को याद रखता है अर्थात भगवान के आदेशानुसार कार्य करता है। उसे किसी से डरने की आवश्यकता नहीं है।

५१. दृष्टि का बहुत बड़ा महत्व है। क्रोध भरी दृष्टि से लोग दुःखी हो जाते हैं। और प्रेम भरी दृष्टि से दुःख दूर हो जाते हैं।

५२. महान पुरुष अपनी सफलता का श्रेय गुरुकृपा को देकर निरर्थक अहंकार से बच जाते हैं।

५३. सहयोगियों के प्रति कृतज्ञता का भाव रखकर उन्हे श्रेय सम्मान देना उचित है।

५४. भाई तो कुल के संबंध के कारण अपनापन मानता है पर जो केवल सिद्धांतों के नाते पूरा साथ देने को तैयार हो जायें वे अधिक सराहनीय हैं।

५५. राज्य सत्ता सही व्यक्तियों के हाथ में जाये इसका उत्तरदायित्व ऋषियों तथा सेवा परायण विचारकों पर रहता है। वे तिलक करके सत्ता पाने वाले व्यक्ति की प्रमाणिकता पर सार्वजनिक रूप से अपनी सहमति प्रदान किया करते थे।

५६. रामकथा रूपी नाव द्वारा मोह नदी को पार कर दुःख और पीड़ा से मुक्त होकर वैराग्य, विवेक और भक्ति को मजबूत किया जा सकता है।

५७. राम सज्जनों के लिए फूल से भी कोमल और दुष्टों के लिए वज्र से भी कठोर हैं। हमें प्रभु का स्वभाव समझने का प्रयत्न करना चाहिए।

५८. धर्म केवल कहने सुनने अथवा केवल पूजा गृह तक सीमित रखने की चीज नहीं। उसे मन, वाणी और कर्म से अपनाना चाहिए।

५९. जाति से नीच, सभ्यता की दृष्टि से जंगली समझे जाने वाले निषाद को प्रभु ने अपने मित्र तथा भाई की तरह माना। ऐसी ही भावना रखकर समाज का उत्कर्ष किया जा सकता है। पिछड़े वर्ग को प्रगतिशील बनाने के लिए उन्हें अपना निकट सम्पर्क देना चाहिए। आते-जाते रहने का आग्रह इसीलिए किया गया।

६०. सत्पुरुषों द्वारा जीवन में आदर्श का व्यवहार देखकर जनता उसकी सराहना भी करती है और वैसा ही बनने की प्रेरणा भी पाती है।

६१. अच्छे राजा की प्रजा के दुःख उसके राज्य संचालन से अपने आप चले जाते हैं।

६२. जब लोगों के स्वार्थ टकराते हैं तो बैर पैदा होता है। श्रेष्ठ शासन में सबको विकास का अवसर मिलने से बैर बढ़ता ही नहीं। विषमता, अज्ञान तथा पक्षपात के कारण पैदा होती है। वह भी अच्छे शासन में नहीं होते।

६३. वर्ण का अर्थ है स्वाभाविक प्रवृत्ति, आश्रम का अर्थ है– बाह्य स्थिति। दोनों के अनुरूप अपना कर्त्तव्य निश्चित करके चलने वाले सुखी, निरोगी और निर्भय रहते हैं।

६४. दैहिक, दैविक, भौतिक तीनों प्रकार के दुःख शारीरिक असंयम, लौकिक ज्ञान का अभाव, तथा अध्यात्मिक ज्ञान की उपेक्षा से होते हैं। रामराज्य में सब संयमी, गुणी तथा साधक थे। अतः दुःख अपना प्रभाव नहीं जमा पाते थे।

६५. परस्पर प्रीति का अर्थ है कि एक दूसरे के हितों का ध्यान रखकर चलना, स्वधर्म का अर्थ है अपने लिए अनिवार्य कर्त्तव्यों का पालन,

श्रुति नीति का भाव है प्राभाविक विधि से चलना। सामाजिक व्यवस्था इन्हीं आधारों पर बन सकती है।

६६. संयम द्वारा शक्तियों का जागरण और विकास, सदाचारण द्वारा उनका सदुपयोग, सेवा द्वारा सत् वृत्तियों का विस्तार तथा शौर्य द्वारा बाधाओं का निवारण संभव होता है।

६७. गर्भ से ही शिशुओं के स्वास्थ्य का ध्यान रखा जाये, शिशु और बाल अवस्था में उचित पोषण तथा देख-रेख रहे तो अल्प मृत्यु नहीं होती। शरीर के अंगों को ठीक प्रकार से प्रयोग में लाने की विधि, संयमी तथा श्रमशील जीवन से पीड़ा और रोगों से छुटकारा तथा सुंदर शरीर संभव है।

६८. जहाँ सभी को बुद्धि और गुणों के विकास की व्यवस्था हो, उचित न्याय उपलब्ध हो, वहाँ कोई दीन-दुःखी नहीं रहता, जहाँ व्यक्ति परिश्रमी हो, उत्पादन और वितरण की व्यवस्था हो वहाँ दरिद्रता नहीं रहती।

६९. झूठे प्रदर्शन का लोभ छोड़ने पर ही लोग धर्म और पुण्य के अर्जन कर पाते हैं। गुण और चतुरता में समान रूप से नर और नारी आगे बढ़ें तभी समाज आगे बढ़ता है।

७०. कष्ट, चतुराई छोड़कर जब लोग परस्पर कृतज्ञता रखते हैं तभी प्रेमभाव बढ़ता है। समाज में जब गुणों का आदर होता है तो सभी विद्वान और ज्ञानवान बनना चाहते हैं।

७१. राम राज्य का अर्थ किसी व्यक्ति का राज्य नहीं भगवान की मर्यादाओं के अनुरूप व्यक्तिगत और सामूहिक व्यवस्था बनाना है। काल, कर्म और स्वभाव ईश्वर निर्धारित मर्यादाओं के भंग होने पर ही दुःख देते हैं। जहाँ सब उसी मर्यादा में है वहाँ उनका दुःख नहीं व्यापता।

७२. उदारता का अर्थ है किसी को उसकी व्यक्तिगत भूलों के कारण विकास से वंचित न होने देना। विप्र चरन सेवक का अर्थ है श्रेष्ठ जनों का आदर और अनुकरण करने वाले।

७३. स्त्री और पुरुष जब दोनों ही अपने कर्त्तव्यों के प्रति निष्ठावान हों तभी श्रेष्ठ समाज की रचना संभव है।

७४. अच्छे राज्य में अपराध नहीं होते इसलिए दण्ड की आवश्यकता ही नहीं। लोगों में परस्पर तनिक भी भेदभाव ही नहीं रहता। बैर-विरोध तथा अनीति-अनाचार न होने से युद्ध और जय पराजय का प्रश्न ही नहीं उठता है।

७५. वृक्षों का संवर्धन तथा उपेक्षा अथवा स्वार्थवश उन्हें नष्ट न होने देना। जहाँ अधिकांश व्यक्ति सद्‌भावना शील होते हैं वहाँ झगड़ालू भी मिल-जुलकर रहने लगते हैं।

७६. मनुष्य की सद्‌भावना से पशु-पक्षी भी प्रभावित होने लगते है।

७७. प्रकृति स्वतः सहयोग करती है। अपनी श्रेष्ठतम विभूतियाँ लोग जनहित के लिए स्वतः दे देते हैं।

७८. आचरण सुधार लेने से किसी भी युग में सतयुग जैसी स्थिति पैदा की जा सकती है।

७९. शीतलता स्नेहपूर्ण, शौर्य नियंत्रणपूर्ण, वितरण व्यवस्था वृत्ति के व्यक्तियों का संतुलन बना रहता है।

८०. विश्व स्तर पर शासन तंत्र को व्यवस्थित बनाने के लिए किए गये यज्ञ सम्मेलन अश्वमेध कहलाते थे।

८१. शासकों में (सत, रज, तप) ये गुण हों तो देश में सर्वत्र सुख सम्पन्नता बिखर जाती है।

८२. जिस प्रकार पुरुष का पद अहंकार न करके अपने कर्त्तव्य में लगे उसी प्रकार स्त्री भी गुण का अंहकार न करके विनम्र तथा सेवा

परायण रहे। पति अनुकूलता का अर्थ हुआ उसी दिशा में सहयोग करने वाली।

८३. नौकरों पर आश्रित व्यवस्था बिगड़ जाती है। गृहणी स्वयं कार्यनिपुण तथा श्रमशील हो तभी संतुलन बनता है।

८४. सासू आदि बुजुर्गों की सेवा बहू का धर्म है। सेवा, मान-मद से रहित करने से परिवार में प्रेम बना रहता है। सेवा से बहू की प्रतिष्ठा बढ़ती है, घटती नहीं है।

८५. सेवा में लगे रहने का अर्थ है, निष्ठा पूर्वक अपने कर्त्तव्यों में लगे रहना।

८६. सेवा कार्य बेगार या अहसान की तरह नहीं किये जाते, सेवा करने वाले के मन में और अधिक करने का उल्लास बना रहे, सेवा मिलना अपना सौभाग्य मानना चाहिए।

८७. बड़ों का कर्त्तव्य है कि अपने छोटों से अधिक प्रेम तो करें ही, समय-समय पर व्यवहारिक शिक्षा भी देते रहें।

८८. श्रेष्ठ संतान संयम तथा तपपूर्ण प्रयासों से पैदा की जाती है। पैदा किए शब्द के पीछे यही भाव है कि अनायास पैदा हो नहीं गये संकल्प पूर्वक किये गए और माता की भूमिका प्रधान होती है।

८९. जो संतान संस्कार पूर्वक उत्पन्न की जाती है और ठीक ढंग से पाली-पोसी जाती है। उसमें सभी प्रकार के श्रेष्ठ गुण प्रकट हो जाते हैं।

९०. संतान की संख्या की मर्यादा रखने तथा उनको सुसंस्कारी बनाने में सभी भाई सतर्क रहें।

९१. मनुष्य को सदा अपनी संगति सज्जन पुरुषों तथा विद्वानों के साथ रखनी चाहिए।

९२. सद्ज्ञान चर्चा सुनना जन-साधारण के लिए उपयोगी है। बड़ों को वैसा करते देखकर सभी वैसा करने लगते हैं।

९३. भोजन सांसारिक सुविधाओं का प्रतीक है। अपने हाथ में सत्ता होने से अधिक सुविधायें प्राप्त करना गलत है। आदर्श पद्धति यह है कि अधिकार के नाते कर्त्तव्य विशेष संभाले तथा सुख-सुविधायें सबके समान ही रखें।

९४. जहाँ शासक, श्रेष्ठ, निष्पक्ष एवं कर्त्तव्य परायण प्रकृति के हों वहाँ जन-साधारण की सम्पन्नता बढ़ती है और वह सुख कारक भी सिद्ध होती है। अन्यथा सम्पत्ति कुछ लोगों तक रहती है और उससे विकार पैदा होकर दुःखदायक हो जाते हैं।

९५. केवल चरित्र सुनने की अपेक्षा सुंदर चित्रों द्वारा शिक्षण तथा प्रेरणा देना अधिक प्रभावशाली होता है। इसलिए घरों में श्रेष्ठ प्रेरणा देने वाले चित्र ही स्थापित करने चाहिए।

९६. घर में अवकाश के क्षणों में परिश्रम करके बगीचा लगाना, आलस्य और बनावट से बचकर स्वास्थ्यप्रद सुंदरता बढ़ाना श्रेष्ठ नागरिकों के लिए उचित है।

९७. पीने का पानी प्राप्त करने के स्थान अनेक होना, सुविधा दृष्टि से और वहाँ किसी को स्नान न करने देना स्वच्छता और स्वास्थ्य की दृष्टि से आवश्यक है।

९८. नगर के पास ज्ञानवान तथा तपस्वियों का निवास होने से जन साधारण को सहज ही श्रेष्ठ जीवन की प्रेरणा मिलती रहती है।

९९. शुद्ध वायु तथा उपचार के लिए तुलसी के पौधों को लगाना उचित है।

१००. मस्तक झुकाने का अर्थ उसी रूप का स्मरण तथा सम्मान करना है।

१०१. दोषों का नाश करने वाले तथा सज्जनता को सुख पहुँचाने वाले भगवान हैं। यह जानने वाला सज्जन ही बनेगा। दोषों के निवारण में उसे भय भी नहीं लगेगा।

१०२. शोक और संदेहग्रस्त व्यक्ति अंधे की तरह सही स्थिति देख नहीं पाता। असुरता का भय उसे भला नहीं बनने देता। भगवान इन दोनों बाधाओं को दूर करते हैं। ऐसा विश्वास होने से प्रगति रुकती नहीं।

१०३. जब मनुष्य निष्ठापूर्वक प्रभु समर्पित जीवन जीने लगता है तो उसे अपने अंदर प्रभु की अतुलित शक्ति का आभास होने लगता है। यही भगवान के प्रताप सूर्य का उदय कहा जाता है।

१०४. सत्पुरुषों का प्रभाव क्षेत्र बहुत विशाल होता है और उनके प्रभाव से श्रेष्ठमार्ग वालों को सुख तथा हीन मार्ग वालों को कष्ट होता है।

१०५. ईश्वरत्व के उदय से अज्ञान का अंधकार दूर हो जाता है। वे अनेक भ्राँतियों और गलत मान्यताओं को मिटा देते हैं।

१०६. उल्लू और कुमुद रात्रि में ही अपना प्रभाव दिखा पाते हैं दिन में नहीं। उसी प्रकार, पाप, क्रोध और काम भाव भगवान की प्रेरणा फैलते ही नदारद हो जाते हैं।

१०७. कर्म, गुण और स्वभाव सांसारिक दृष्टिकोण के व्यक्ति पर हावी होकर उसे नचाते हैं और ईश्वर परायण के ये अधीन हो जाते हैं। अर्थात मनमानी न करने देकर उचित रूप से उपयोग करने योग्य हो जाते हैं।

१०८. चोर अंधेरे में ही सक्रिय होते हैं। डाह आदि अवगुण चोर की तरह मानवीय गुणों को चुरा लेते हैं। ईश्वर निष्ठा का प्रकाश फैलते ही उनके हुनर बेकाम हो जाते हैं।

१०९. कमल से सरोवर शोभित होता है। कमल सूर्योदय से खिलते हैं। धर्म ज्ञान-विज्ञान से शोभा पाता है जो ईश्वर परायण होने पर स्वयं विकसित होने लगते हैं।

११०. जैसे दिन में चकवा का दु:ख दूर हो जाता है वैसे ही प्रभु का प्रकाश मिलते ही सद्‌गुण अंतर में उमड़ने लगते हैं।

१११. भगवान का प्रभु प्रताप किसी काल विशेष अथवा स्थान विशेष से उदय नहीं होता। किसी भी व्यक्ति के अंत:करण में उदय हो सकता है तथा उसे राम राज्य जैसी अनुभूति हो सकती है।

चरण - ७

१. काटने वाली कुल्हाड़ी को भी चंदन अपनी सुगंध ही देता है। इसी प्रकार संत कष्ट पहुँचाने वालों का भी हित ही चाहते हैं।

२. चंदन का संत जैसा स्वभाव होने के कारण ही सारा संसार उसको आदर देता है तथा कुल्हाड़ी के समान असंत का स्वभाव होने के कारण उन्हें सभी ठुकराते हैं।

३. संत की पहचान उनके गुणों और दूसरों के प्रति संवेदना से की जा सकती है।

४. हर्ष की स्थिति में मनुष्य एक पक्षीय बात सोचने लगता है। हर्ष में भी संतुलन बनायें रखें और भय को त्याग दें।

५. अपने लिए कठोर, दूसरे के लिए उदार होना संत का स्वभाव है। ऐसे ही व्यक्ति भगवान का प्यार पाते हैं।

६. संत नियमों के पक्के और कठोर वचन न बोलने वाले होते हैं।

७. निंदा-स्तुति में समान का अर्थ है जो निंदा से निराश नहीं होते और प्रशंसा से फूल नहीं जाते।

८. पाप के घर से तात्पर्य है कि पापों में लगे रहने वाले और दूसरों को लगाते रहने वाले।

९. दुष्टों को जीवन के हर व्यवहार में झूठ बोलने की आदत होती है।

१०. किसी की बात से नहीं उसके हृदय के भावों से व्यक्ति का सही मूल्यांकन होता है।

११. राक्षस का शरीर कोई भिन्न प्रकार का नहीं होता जिनके स्वभाव इस प्रकार के हैं:- दूसरों से द्रोह करते, दूसरों की स्त्री, पराये धन, दूसरों की निंदा वे ही राक्षस कहलाते हैं।

१२. लोभ, काम और अन्य भोगों में वे फँस जाते हैं। दूरदर्शिता न होने से अपने आचरण के फलस्वरूप होने वाली दुर्गति वे देख ही नहीं पाते।

१३. पर धन स्वामी इसलिए कि अपना धन तो उड़ा ही डालते हैं और दूसरों का भी झपटते हैं।

१४. ऊपर से मित्र जैसे दिखने वाले तथा अंदर से शत्रुता दिखाने वाले होते हैं।

१५. जन-साधारण के लिए बड़ी सुगम और आसानी से समझी जाने योग्य, धर्म की मर्यादा अर्थात दूसरों की भलाई-धर्म, दूसरों को दु:ख देना-अधर्म है।

१६. अपना भविष्य कोई नष्ट नहीं करना चाहता, पर भ्रम में लोग अपने आप वही रास्ता पकड़ लेते हैं जो दु:खदायी सिद्ध होता है।

१७. भगवान दयासागर ही नहीं भयंकर भी हैं। किए हुए कर्मों का फल वे बिना किसी दया या पक्षपात के देते हैं।

१८. पदार्थों का लालच भगवान को नहीं है। उनका प्यारा वही है जो उनके सिद्धांतों और नियमों की मर्यादा ठीक तरह से पालन करता है।

१९. देवता केवल भोग पा सकते हैं। मनुष्य अपने तथा समाज के भविष्य का निर्माण करने में भी सक्षम है। अत: मनुष्य देह, देव दुर्लभ कही गई है।

२०. मनुष्य जीवन पाकर भी उसका सदुपयोग न कर सके तो दुर्भाग्य ही है। साधन धाम का अर्थ है किसी भी प्रकार की साधना करने के

लिए उपयुक्त मोक्ष का द्वार अर्थात इसे पाकर मोक्ष मे प्रवेश करना कठिन नहीं।

२१. लोग लौकिक सुख की कामना से श्रेष्ठ जीवन क्रम की उपेक्षा तो कर देते हैं पर उन्हें यह सुख भी नहीं मिल पाता और दोनों ओर से हानि उठाते हैं। अपनी दुर्गति के लिए स्वयं को दोषी न मानकर दूसरों पर दोष थोपना मिथ्याचार है।

२२. विषय भोग तो पशु योनि में भी संभव है। उसके लिए मनुष्य जन्म बिगाड़ना उचित नहीं। स्वर्ग शुभ कर्मों के बदले मिल तो जाता है पर अपनी पूँजी बैठे-बैठे खा डालने जैसा है। बाद में फिर कर्म भूमि में आना पड़ता है।

२३. मनुष्य शरीर से अमृत तत्व सत्य बोध पाया जा सकता है। उसे छोड़कर विषयों (विष) को लेना कोई समझदारी नहीं है।

२४. मानव जीवन पारसमणि तथा विषय रस घुंघची के समान कहे गये हैं।

२५. अपना बेड़ा यदि अनुकूल हवा का सहारा लेकर चलाया जाये तो किनारा शीघ्र मिल जाता है।

२६. सद्गुण श्रेष्ठ गुरू को भी कहते हैं और अंतःकरण में स्थित अपनी दिव्य चेतना को भी। जीवन को सही दिशा इन्हीं की सलाह से ही दी जा सकती है।

२७. मनुष्य जीवन का सार्थक उपयोग न कर सकने पर यह दोष लगते हैं क्योंकि भगवान द्वारा दिए साधनों का मूल्य न समझ सका। मंद मति, हाथ आये अवसर का लाभ न उठाने वाला मूर्ख स्वयं अपने को नष्ट करने वाला आत्म हत्यारा होता है।

२८. ईश्वर के नियमों पर चलकर ही लौकिक और पारलौकिक सुख मिल सकते हैं।

२९. प्रयास तो करें, प्रयास के सही ढंग अपनाये जाने पर, प्राप्ति पर असंतोष न किया जाये।

३०. किसी कामना से सज्जनों का संग लोग करते तो हैं पर वह टिकाऊ नहीं होता। प्रेम ही उसे टिकाऊ बनाता है। जिसे ईश्वर की समीपता का आभास मिल जाता है उसे विषयों से लेकर स्वर्ग मुक्ति तक के आकर्षण तिनके जैसे लगते हैं।

३१. अपने को अपने पक्ष की सलाह तो दे पर मान जाने के लिए हठ न करें। मन में हठ होने से सामने वाले को समझाने का मौका न देकर धूर्तता और कुतर्क सहारा लेने लगते हैं। यह गलत है। तर्क सत्य बात समझने के उद्देश्य से किया जाता है। किसी भी प्रकार अपनी बात मनवाने के लिए किया गया तर्क कुतर्क है।

३२. भगवान के नाम का उपयोग, उनके गुण, समूह का स्मरण करे और उनके प्रति प्रेम पैदा कर मोहादि दोषों से मन हटा ले। उसे परमानंद गति पाने वाले के समान आनंद प्राप्त हो सकता है।

३३. प्रभु को किसी वस्तु की कमी नहीं है। न किसी की चाह। वे चाहते हैं कि उनके बच्चे प्रसन्न रहें। इसलिए वे बिना हेतु उपकार करते हैं। भक्त स्वभावता वही काम करते हैं जिससे प्रभु प्रसन्न हो। इसलिए वे भी बिना स्वार्थ के सेवा करते हैं।

३४. दृढ़ प्रेम विश्वास से होता है। मोह, संशय की स्थिति का ही नाम है। वह तब जाता है जब भगवान के आदर्शों और चरित्र का सही रूप बार-बार सुनने समझने को मिले। यह लाभ संत ही दे सकते हैं। अन्य लोग तो और भ्रम में डाल देते हैं।

३५. प्रेम भावना भगवान की निकटता के लिए अनिवार्य है। केवल वेष और दिखावा कुछ नहीं कर सकता। योग-तप आदि सहायक हो सकते हैं। पर वह भी सब कुछ नहीं है। किन्तु मोह वश यह तथ्य साधक भूल जाते हैं।

३६. साधक भूल वश यह मानने लगते हैं कि विकार अब उनका कुछ नहीं बिगाड़ सकते और उनकी ओर से असावधान हो जाते हैं। यह भूल महँगी पड़ती है। मोह पास आ पहुँचने पर साधक को विचार शून्य बना देता है और काम वासना उसे कर्त्तव्य से छुड़ाकर भटकाने लगती है।

३७. लोग तृष्णा करते हैं। अधिक पाकर संतोष करने के लिए परन्तु संतोष की जगह पागलपन ही हाथ लगता है। क्रोध करते हैं सामने वाले को हानि पहुँचाने को किन्तु स्वयं अपना हृदय जला लेते हैं। इसलिए तृष्णा को संतोष से और क्रोध को शांति से जीतना चाहिए।

३८. ज्ञान, तप, गुण आदि मनुष्य के लिए हितकारी हैं पर इनकी साधना में भी लोभ आने से साधक की दुर्दशा हो जाती है।

३९. डाह मनुष्य करता इसलिए है कि मैं दूसरों से अधिक श्रेष्ठ समझा जाऊँ, पर उससे उल्टी बदनामी ही हाथ लगती है। शोक में धैर्य की परीक्षा होती है। धैर्य की थोड़ी उपेक्षा होते ही शोक संतुलन बिगाड़ देता है।

४०. चिंता करते तो लाभ ही आकांक्षा से हैं पर वह साँपिन की तरह पालने वाले को डस लेती है। माया मनुष्य की भीतरी तथा बाहरी उन्नति में बाधक रहती है। इसलिए चिंता के कारण ढूँढकर उसका समाधान तत्काल निकाल लेना चाहिए और मोह किसी से भी इतना न हो कि उसे छोड़ने में बाधा उत्पन्न हो।

४१. मनोरथों की सीमा नहीं है परन्तु उन्हें पूरा करने के चक्कर में स्वयं ही टूट जाता है। अतः प्रारम्भ से ही आवश्यकता के अनुरूप बुद्धि संगत आकाक्षांओं तक ही सीमित रहें। मनोरथों को बढ़ावा न दें। यही लाभप्रद है।

४२. मनुष्य का मन जैसा होता है वैसी ही वह सृष्टि को देखता है। यथार्थ नहीं समझ पाता है।

४३. भ्रमित व्यक्ति अपने भ्रम को नहीं समझ पाता, शाश्वत सत्यों को ही गलत कहने लगता है।

४४. विचलित हमारी बुद्धि होती है पर हमें लगता है कि दुनिया विचलित हो गई है।

४५. झूठा व्यक्ति जब झूठे व्यक्ति से मिलता है तो दोनों भ्रम से भरी हुई बातें करते हैं और गलत कामों की योजना बनाते हैं। सही बताने वालों को वे भ्रम में पड़ा मानते हैं।

४६. कुएँ में पड़ा व्यक्ति संसार का विस्तार नहीं देख सकता। इसी प्रकार कामादि दोषों से घिरा व्यक्ति विकारहीन प्रभु का रूप नहीं समझ सकता।

४७. घमंड व्यक्ति को भावनात्मक रूप से भगवान से दूर ले जाता है। अतः उसे वे नष्ट ही करते हैं।

४८. सारी सृष्टि के प्राणियों में से मनुष्य परमात्मा को अधिक प्यारा है। क्योंकि वह संसार के संतुलन में भगवान का सहयोगी बन सकता है।

४९. भगवान को सदाचार सम्पन्न व्यक्ति अधिक प्रिय हैं।

५०. ज्ञान को जन-साधारण के व्यवहारिक रूप में प्रस्तुत कर सकने वाला विज्ञानी होता है।

५१. सर्वज्ञान, विज्ञान का उपयोग अपनी प्रतिष्ठा या अहं के लिए नहीं भगवान के प्रेम के लिए, मर्यादाओं की प्रतिष्ठा के लिए करने वाला साधक भक्त है।

५२. जिस पर विश्वास नहीं, उस पर शंका बनी रहती है और शंका रहते सच्चा प्रेम नहीं हो सकता।

५३. प्रेम बिना भक्ति भी केवल दिखावटी और नाम मात्र की होती है। अतः बिना समझे और विश्वास जमाये भक्ति संभव नहीं है।

५४. इच्छाओं की पूर्ति में मनुष्य सुख मानता है किन्तु इच्छायें तो एक के बाद एक आती ही रहती हैं। अतः सुख का अनुभव नहीं हो पाता।

५५. एक ही विभिन्न रूपों में कैसे दिखाई देता है। यह जानें बिना सबके प्रति समता की भावना आ ही नहीं सकती।

५६. जीवन में धर्म का आचरण तभी हो पाता है जबकि मनुष्य के मन में उस धर्म के प्रति अगाध श्रद्धा हो।

५७. मूर्ख तो उद्दंडता में ही शान समझने लगते हैं। समझदार ही शील का महत्व जानते हैं। रूप बाहरी बनावट में नहीं भीतरी तेज में है।

५८. जब तक मनुष्य बाहरी संसार में सुख खोजता है तब तक मन अशांत रहेगा। जब अंदर के सुख का स्रोत, आत्मबोध पा लेता है। तभी मन स्थिर होता है।

५९. जीवन में सफलता के लिए पूरी शक्ति से प्रयास आवश्यक है और वह बिना विश्वास नहीं किया जा सकता। इसी प्रकार ईश्वर की सत्ता और महत्ता समझे बिना संसार का भय समाप्त नहीं हो पाता।

६०. धर्म का स्वरूप समय और परिस्थितियों के अनुरूप बदलता रहता है। इसलिए धर्माचरण के प्रति रूढ़िवादी दुराग्रह नहीं करना चाहिए।

६१. बुद्धिमान लोग न तो धर्म के प्रति अपनी आस्था ही छोड़ते हैं और न धर्म के रूढ़िवादी रूप के प्रति मोह करते हैं।

६२. सबका हित चाहने वाले का हित सब चाहते हैं और आत्मा का आशीर्वाद परम संतोष के रूप में सामने आता है।

६३. जों दूसरों का व्यर्थ ही विरोध करते हैं उन्हें उनके द्वारा अपना अहित होने का भय सताता रहता है। कामुकता मनुष्य को अंधा बना देती है और वह ऐसा आचरण कर बैठता है जो बदनाम कर दे।

६४. सुमति का बीज तो मनुष्य में होता है किन्तु श्रेष्ठ संगति के खाद पानी से ही वह जमता है। दुष्ट संग में उनके अंकुर नष्ट होते रहते हैं। नारी के प्रति अपवित्र दृष्टि वाले की सुगति नहीं दुर्गति होती है।

६५. यश पवित्र भी होता है और दूषित भी। दूषित यश, आत्मिक पतन तथा पावन यश प्रगति का उल्लास देने वाला होता है। अपयश, कुकर्मों से ही मिलता है।

६६. अन्य पापों में तो मनुष्य अपने कुछ हित की भी आशा करता है पर चुगलखोरी में तो सिवा दूसरों के अहित और फूट पैदा होने के कुछ भी नहीं मिलता। अत: यह बहुत बड़ा पाप है। दया अर्थात संवेदना से प्रेरित होकर मनुष्य परमार्थ परायण बन जाता है। इसलिये यह श्रेष्ठ धर्म है।

६७. संसार के क्लेशों से बचने के लिए भक्ति मार्ग और ज्ञानमार्ग दोनों हैं। जिसे जैसा अच्छा लगे वह उस मार्ग पर चले।

६८. तोता और बंदर जिस भांति थोड़े-से अन्न के दानों के लालच में बंध जाया करते हैं। उसी भांति जीव भी संसार के थोड़े-से आकर्षण में फँसकर अपने आपको बाँध लेता है।

६९. चेतन तत्व जड़ के बँधन से छूटे बिना सुख का अनुभव नहीं कर पाता और छूट पाता नहीं है।

७०. सद्‌बुद्धि के नियंत्रण से तथा चित्त में वैराग्य भावना के संयोग से उत्पन्न ज्ञान के प्रभाव से मनोविकार जल जाते हैं।

७१. जब चित्त में यह भाव सदा बना रहे कि मैं शरीर रूप नहीं आत्मा रूप हूँ। तो समझो अखंड ज्योति प्राप्त हो गई।

७२. ईश्वर से भिन्न हूँ, दूर हूँ। यही भाव भ्रम और भव पीड़ा पैदा करता है। आत्मबोध होते ही वह भ्रम नष्ट हो जाता है।

७३. भक्ति प्राप्त करने के लिए भी श्रेष्ठ यत्न करने पड़ते हैं। यही बुद्धिमानी है।

७४. जो सही दिशा में प्रयास नहीं करते उन्हें अभागा कहा गया क्योंकि भाग्य कर्मों का ही प्रतिफल है।

७५. प्रेम भावना के अभाव में अधूरे मन से किया गया प्रयास सफल नहीं होता।

७६. समुद्र और चंदन के वृक्ष तक सब नहीं पहुँच सकते पर संत उनका लाभ स्वंय ही लोगों तक पहुँचा देते हैं।

७७. किसी को असली भक्ति मिली या नकली इसका यही प्रभाव मानना चाहिए कि वह ज्ञान और वैराग्य के द्वारा अपने विकारों को जीत सका या नहीं। यों दिखावा तो कोई भी कर सकता है।

७८. जिसे दुर्लभ वस्तु मिल जाये, उसे उसका श्रेष्ठतम उपयोग करना चाहिए।

७९. दरिद्रता धन की कमी नहीं मन की स्थिति है। जिस कारण मनुष्य अपने आप को हीन और अभावग्रस्त मानता है। संत सुख के अनेक मार्ग बताने और उन पर चलने में सहयोग देने वाले होते हैं। अतः उनसे मिलना सुखकर है।

८०. सच्चे संत सहज स्वभाव वश ही पर उपकार करते हैं। किसी लोभ या दवाब के कारण नहीं।

८१. दूसरों की भलाई के लिए जो स्वयं कष्ट सहन करता है वह है सज्जन। दूसरों को कष्ट पहुँचाने के लिए जो कष्ट सहन करता है। वह है दुर्जन।

८२. दुर्जन स्वयं भी पतित हो जाते हैं और दूसरों को भी ले डूबते हैं।

८३. संतों की उन्नति से समाज का हित होता है।

८४. मन के रोग बड़े भयंकर होते हैं। जिन्हें यह रोग है उन्हें शरीर की पीड़ा से भी अधिक पीड़ा उठानी पड़ती है।

८५. वात उत्तेजना, कफ जड़ता और पित्त जलन पैदा करता है यही प्रतिक्रियायें काम, क्रोध, लोभ की हैं।

८६. यदि मन में काम वासना, लोभ और क्रोध तीनों एक साथ उठ जावें तो वह मन सन्निपात रोग के समान ही पीड़ाग्रस्त और असाध्य हो जाता है।

८७. वैद्य पर विश्वास न हो तो रोगी औषधि खाता ही नहीं और परहेज न करे तो भी दवा बेकार हो जाती है।

८८. औषधि ठीक अनुपात के साथ ही असर करती है। भक्ति भी श्रद्धा के साथ ही प्रभाव दिखाती है।

८९. शरीर निरोग-सा दिखे पर अंदर से शक्ति का अनुभव न हो तो रोगी स्थिति ही कही जाती है। अतः मन की निरोगिता में ही वैराग्य भावना पुष्ट हो सकती है।

९०. यदि मन में उत्तम बुद्धि की भूख बढ़ती जाये और विषयों की इच्छायें नष्ट होती जावें तो समझो कि आंतरिक निरोगिता आयी।

९१. निरोग होने पर स्नान से स्फूर्ति आती है। निरोगी ज्ञान गंगा में नहाकर भक्ति भाव अनुभव करता है।

९२. कथा की प्रेरणा को भावनापूर्वक धारण करने से भक्ति अथवा मुक्ति दोनों की ही प्राप्ति संभव है। केवल नाम मात्र के लिए सुनने से यह लाभ संभव नहीं है।

९३. रामचरित्र में भक्तिपूर्वक डूबा रहने वाला संसार के क्लेशों से मुक्त हो जाता है क्योंकि यह दोष तथा पापों को दूर करता है और कल्याण मार्ग पर चलने की प्रेरणा प्रदान करता है।

श्री कृष्ण-दर्शन

चरण - १

१. श्री कृष्ण निस्वार्थ त्याग की आदर्श मूर्ति हैं। इनके जीवन में नेपोलियन के पराक्रम, वाशिंगटन के स्वार्थ त्याग, और बिस्मार्क तथा ग्लेडस्टोन आदि की बुद्धिमता का सुंदर सामंजस्य सधा हुआ है। पराक्रम, बुद्धि और निस्पृहता ये तीनों गुण विश्व में प्राणी मात्र को आकर्षित करने वालें हैं। इन तीनों गुणों का एक ही समयाबच्छिन्न मेल श्री कृष्ण में ही हुआ है। इसलिए उनके संबंध में कहने में हृदय काँपता है।

२. परमार्थमय जीवन बिताने वालों में भी श्री कृष्ण अग्रस्थान में विराजते हैं। भगवान बुद्ध ने अपने मत का प्रचार बुद्धि द्वारा, ईसा ने सौजन्य से तथा मुहम्मद पैगम्बर ने निश्चय से किया है। भगवान श्री कृष्ण में निश्चय, बुद्धि और सौजन्य इन तीनों गुणों का सुंदर और सुगम समन्वय देखने को मिलता है।

३. मानव मन जब यह भूल जाता है कि मैं कौन हूँ तब आत्म विस्मृति होती है। तब समाज का अध: पतन हो जाता है। ऐसे समय में नीति और धर्म की स्थापना करने तथा मन और बुद्धि में आत्मज्ञान का प्रकाश फैलाने हेतु प्रभु अवतार लेते हैं।

४. मानव जीवन देवत्व और पशुत्व युक्त है। जो मन की सामर्थ्य पर अटल विश्वास और श्रद्धा रखकर मानव जीवन में से पशुत्व को बाहर फेंककर निर्मल जीवन जीना सिखाता है। ऐसे लोगों पर ही समाजोन्नति की आधार शिला रखी है। जब तक काम, क्रोध, लोभ आदि मानसिक विकारों का नियमन नहीं होगा। तब तक कर्त्तव्य निष्ठा जागृत नहीं होगी और कर्त्तव्य निष्ठा जागे बिना शांति संभव नहीं। जब तक लोगों के अंत:करण में कर्त्तव्य निष्ठा नहीं जागती। तब तक राष्ट्र एवं जगत का कल्याण नहीं हो सकता। समाज की कर्त्तव्य निष्ठा जगाने की जिम्मेदारी ब्राह्मणों की ही थी।

५. जिसके हाथ में सत्ता, सम्पत्ति नहीं है। ऐसे वर्ग को ही ब्राह्मण वर्ग कहते हैं। अर्थात ऐसे वर्ग को जीवन से पराभूत करना और उसकी निंदा करना सरल बात है। परन्तु परिणाम कुल नाश है क्योंकि बिना ऐसे वर्ग के समाज अंधे की गाड़ी की भाँति खड्डे में गिर जायेगा।

६. सच्चा ब्राह्मण कभी सत्ता के लिए नहीं भटकता, उसे सत्ता पाने का तनिक भी मोह नहीं होता। लक्ष्मी के पीछे नहीं दौड़ता। धन-सम्पत्ति को तत्व के सामने तुच्छ समझता, ऐसे वर्ग को कोई पराभूत नहीं कर सकता है।

७. ब्राह्मण संस्कृति के रक्षक हैं। अत: जब तक यह वर्ग खड़ा है। तब तक समाज का अध: पतन नहीं होगा। जब तक ब्राह्मण में ब्रह्मतत्व रहेगा तब तक समाज, देश, जगत का अध: पतन संभव नहीं।

८. संस्कृति के रक्षण करने वाले वर्ग का जब ह्रास होता है। तब त्याग का स्थान भोग और कर्त्तव्य तथा प्रेम का स्थान ईर्ष्या और द्वेष लेते है। अंततः हर मानव का अधः पतन होता है।

९. मानव जब कर्त्तव्य भूल जाता है। तब वह किसी की नहीं सुनता फिर वह संयम और त्याग से ऊब जाता है। जीवन में मोह, ममता, लालसा, और आकांक्षा बढ़ती है। अप्राप्य वस्तु प्राप्त करने का मनोरथ उत्पन्न होता है। वासना जागते ही क्या कहना, क्या करना उसका भी विवेक नहीं रहता है।

चरण - २

१. जो प्रजा का मनोरंजन करे वह राजा। प्रजा का रक्षण करना ही उसके लिए परम धर्म है।

२. जिसके हाथ में सत्ता के सूत्र हों उसे पर्याप्त शक्तिशाली होना चाहिए। जो बाहर के शत्रुओं को जीतना चाहता हो उसे प्रथम अपनी आत्मा को, अपने मन को जीतना चाहिए।

३. नेतृत्व परिस्थिति का निर्माण करता है। अत: पूर्व में अपनी आत्मा को जीतने का प्रयास करना चाहिए। इसलिए आत्म विजय के सिवाय पहले कोई विचार किया ही नहीं जा सकता है।

४. राजा तो प्रजा का रक्षक होता है। उसके ऊपर तो प्रजा के रक्षण की बहुत बड़ी जिम्मेदारी होती है। जिस राजा का जीवन त्याग से संलग्न हो, जो अहर्निशि प्रजा के रक्षणार्थ कार्य करता है, भारतीय इतिहास में ऐसे राजा को विष्णु माना जाता है। राजा को ईश्वरीय अंश मानने के पीछे सच्चा रहस्य यही है।

५. जहाँ राजा होता है वहाँ जनता राजा के पास जाकर फरियाद करती है और जहाँ गणराज्य होता है वहाँ जनता न्यायाधीश के पास जाकर याचना करती है।

६. अपने श्रेष्ठत्व का मिथ्या अहं रखे बिना लोगों के साथ समरस होने से उनको लोगों का ऐसा अभूतपूर्व प्यार और हृदय में स्थान मिला था। उन्होंने अपना हृदय दिया इसीलिए उनको इतना प्यार मिला।

७. मैं तुममें से ही एक हूँ विशेष नहीं। उन्होंने लोगों को यह विश्वास दिलाया था। उनके साथ एकात्मता साधी थी। इसलिए उस दिन से उनके प्रति आदर द्विगुणित हो गया है।

८. यदि लोगों का हृदय जीतना हो तो उनके हृदय में तन्मय होकर प्रवेश करना चाहिए। जीवन में प्रवेश करने और डुबकी मारने की शक्ति होनी चाहिए। लोगों के हृदय में सहानुभूतिपूर्वक झाँकें तथा हृदय का प्रेम दिए बिना लोगों का हृदय नहीं जीता जा सकता है। हृदय और प्रेम अलौकिक और अद्वितीय वस्तुएँ हैं। जितना देंगे उतना ही मिलेगा।

९. खेलो और प्रसन्न हो तथा जीवन को उल्लास से भर दो। खेल अर्थात जीवन का आनंद यानि खेल समाप्त हुई शक्ति का पुनर्निर्माण करता है। जीवन में कम हुई शक्ति को पुनः लाकर प्रदान करता है। जो पुनर्निर्माण करे उसका ही नाम खेल है।

चरण - ३

१. श्री कृष्ण का बचपन हमें एक तो श्रेष्ठता का घमण्ड छोड़कर लोगों के बनकर रहो और दूसरा शरीर को स्वस्थ और बलवान बनाये रखो, सिखाता है।

२. यदि शत्रु को पराजित करना हो तो उसके मन में लघुता की भावना पैदा करनी चाहिए। इसका प्रबल मनोवैज्ञानिक प्रभाव होता है। हीन भावना पैदा होते ही मन संशय में पड़ जाता है। अतः सभी कुछ उल्टा होने लगता है। लघुता ग्रन्थि से मानव नष्ट हो जाता है।

३. शत्रु का आत्मविश्वास डिगा देना ही रणनीति है। आत्मविश्वास द्वारा मनुष्य प्रगति कर कल्पनातीत अद्भुत कार्य कर दिखाता है। आत्मविश्वास गया कि विनाश निश्चय है। हम चाहे कितना ही परिश्रम कर अध्ययन करते हों पर यदि मन में यह आशंका बनी हो कि हम सफल होने वाले नहीं हैं तो अवश्य असफल होंगे। आज का दिन कुछ नीरस है। इसी प्रकार पूर्ण आत्मविश्वास हो तो बिगड़ा हुआ काम भी सुधारा जा सकता है। आत्मविश्वास समाप्त हुआ तो राष्ट्र भी समाप्त हुआ समझ लो।

४. जो अपने स्वार्थ का तनिक भी विचार किए बिना जनहित के लिए कार्य करता है। वही लोगों के हृदय का सम्राट बन सकता है।

५. निष्पापों को बचाना मेरा कर्त्तव्य है, ऐसे निष्पाप लोगों की वृद्धि हो, इसके लिए अधिक तपोवनों की प्रस्थापना होनी चाहिए।

६. प्रत्येक व्यक्ति ऐसा निर्मल, ऐसा निस्वार्थ जीवन जी सके, इसके लिए ग्राम-ग्राम में ऐसे तपोवन स्थापित होने चाहिए।

७. दूसरे के परिश्रम पर बड़ा बनना अपराध, अन्याय और पाप है। सर्वप्रथम जितना हो सके मुख्य व्यक्ति को ही करना चाहिए। उसके पश्चात ही उसे दूसरों की सहायता लेनी चाहिए।

८. जो सरल मन तथा निष्कपट अंत:करण का हो वही साफ है।

९. जो सदैव अध्ययनशील रहता है। आशावादी होता है। जगत को बदलने की मनीषा रखने वाला महत्वाकांक्षी, पाशविकता से भरे हुए जगत को देवी बनाने के लिए जो निष्ठा पूर्वक कार्य करे और मानसिक, शारीरिक, बौद्धिक शक्ति प्राप्त हो। सच्चा वही युवा युवान हैं।

१०. शिक्षक पेट भरने की कला सिखाता है। जबकि गुरू हाथ पकड़कर जीवन के आँगन में ले जाकर जीवन जीने की कला सिखाता है।

११. वानर को मानव और पशु को पशुपति बनाने वाले गुरू को सर्वस्व दे दिया जाये तो भी उनके ऋण से उऋण नहीं हुआ जा सकता है।

१२. निष्ठा हो तभी जीवन में तेजस्विता और निर्भयता आती है।

१३. प्रवाह के विरुद्ध आवाज उठाकर लोगों को सजग करे वही महामानव है।

१४. भोग विलास तथा सम्पत्ति की इच्छायुक्त अपेक्षा से ज्ञान और प्रेम का मोल अधिक होता है।

१५. पाशवी सत्ता के विरुद्ध खुला आह्वान करने के लिए हृदय और साहस होना चाहिए।

१६. लोगों को क्रान्ति और संकट काल में जो योग्य नेतृत्व प्रदान करे वही सच्चा नेता है। जो जनता में चेतना भर सके, वही सच्चे रूप में नेता गिना जाता है।

१७. एक मानव समग्र जनता के मानस को किस प्रकार पलट सकता है और पौरुषहीन बनी प्रजा में किस प्रकार से पुरुषार्थ पैदा कर सकता है। इसका ज्वलंत दृष्टांत श्रीकृष्ण के जीवन से मिलता है।

चरण - ४

१. श्री कृष्ण दीन-दुखियों के साथी थे दुर्बल मानवों पर होने वाले अन्यायों को वे सह नहीं सकते थे। अन्याय के सामने उनका सिर तुरंत ही उठ जाता था। विपत्ति में दुर्बलों के प्रति होने वाले अन्यायों के विरुद्ध उनकी सहायता करना उनका आदर्श था। मानव के बड़प्पन की कसौटी यही होती है। सुख में तो बहुत मिल जाते हैं। परन्तु संकट के समय जो बगल में आकर खड़ा रहे, वही सच्चा मित्र है।

२. तृषा शांत करने वाली छोटी नदी भी अच्छी है परन्तु महासागर किस काम का? बड़े आदमी हमेशा देखने के ही होते हैं। श्री कृष्ण का समग्र जीवन मानव के श्रेष्ठ जीवन जीने के पुरुषार्थ में सहायक रूप बनकर चाहे कितनी भी विपत्ति आ पड़े, नित्य नई प्रेरणा देकर संकट के समय हमें नया उत्साह देकर, जीवन से निराशा और मोह चला जाये, ऐसा चमत्कार है।

३. लोकप्रियता केवल उनके पराक्रमों की आभारी नहीं है। अपितु उनकी विनम्रता ने लोगों का हृदय जीत लिया था। वह दीन-दयालु थे। वे सामान्य से सामान्य और असामान्य से असामान्य भी बने थे। सामान्य मानव भी जिस कार्य को करने से हिचकिचाये और जो कार्य बहुत ही हल्का माना जाता है। वह काम भी पूर्ण पुरुषोत्तम श्री कृष्ण ने स्वयं किया। संसार में इस प्रकार निरहंकारी दूसरा नेता देखने को नहीं मिलेगा।

४. क्या जगत में एक भी ऐसा नेता हुआ है। जिसका जीवन श्री कृष्ण जैसा निष्पाप, स्वार्थहीन और पवित्र हो। गोवर्धन पूजा करके इंद्र के अहंकार को नष्ट किया। ब्रह्मा का ज्ञान मद भी उतार डाला। सत्ता सम्पत्ति को सर्वस्व मानने वाले, पापाचरण करने वाले बड़े बनकर बैठे रहने वाले मानवों और सत्ताधीशों को नग्न कर दिया। उनकी छाया तथा पंजों में फँसे हुए धर्म को मुक्ति की खुली हवा में ला दिया। नारद का भी मोह उतार डाला। श्री कृष्ण असामान्य व अद्भुत कार्यों को करने के बाद भी गोपी बल्लभ रहे। वे कभी भी लोगों से अलग नहीं हुए। मैं तुम्हारा हूँ और तुम मेरे हो उनका यह जीवन सूत्र था। असामान्य व्यक्ति होने पर भी सामान्य जनों से मिल जाने वाले अद्भुत नेता अर्थात श्री कृष्ण ही हैं।

५. श्री कृष्ण महा पराक्रमी थे इसलिए वे जगत के हृदय सम्राट बन गये। ऐसी बात न थी। शौर्य के अतिरिक्त उनमें अप्रतिम गुण थे। जिन्होंने उन्हें जगत का हृदय सम्राट बना दिया। निर्लोभिता तथा स्वार्थहीनता श्री कृष्ण जीवन के मुख्य सूत्र थे। उनके जैसा निर्लोभी दूसरा कोई भाग्य से ही देखने को मिलेगा। अपनी सम्पत्ति विद्या या शक्ति का दूसरों की भलाई के लिए उपयोग करने वाला ही अर्थात सबसे प्रथम गुण स्वार्थ का त्यागकर जो जीवनभर जिया।

६. श्री कृष्ण के हाथ में तो कई राज्य आ गये थे किन्तु उन्होंने उन सबको छोड़ दिया। किसी भी देश पर राज्य नहीं किया। ऐसा स्वार्थ त्याग मर्यादा पुरुषोत्तम व पूर्ण पुरुषोत्तम श्री कृष्ण के जीवन में ही देखने को मिलता है। जिन्होंने हाथ में आये हुए राज्यों को छोड़ दिया। श्री कृष्ण के जीवन में बचपन से देह त्याग तक कभी कहीं भी लोभ व स्वार्थ देखने को नहीं मिलता।

७. श्री कृष्ण का उद्देश्य दुष्टों का नाश कर आदर्श राजसत्ता स्थापित करना था। आदि से अंत तक अनंत खटपट करने के बाद भी उनके नाम पर अदालत में एक इंच जमीन का भी पंजीकरण नहीं हुआ। उनके लिए सम्पूर्ण विश्व उनका घर था। इस जीवन तत्व के कारण वे लोगों के हृदय सम्राट बने थे। इतने बड़े-बड़े पराक्रमों के करने के बावजूद भी उनमें लेशमात्र भी स्वार्थ न था। स्यमंतक मणि के हाथ में आने पर भी उसे अपने पास नहीं रखी। जिसकी थी उसी को वापिस कर दी।

८. श्री कृष्ण ने सत्ता सम्पत्ति पाने के लिए कभी कुछ नहीं किया। "कनक और कान्ता" ब्रह्मदेव की सृष्टि को मोहित करने वाले रत्न हैं। कनक (वैभव) का त्याग करने वाले मिल जायेंगे। कांता से मोहित न होने वाले भी विरले कोई मिल जायेंगे। परन्तु कीर्ति का मोह त्यागने वाले भाग्य से ही देखने से मिलेंगे किन्तु श्री कृष्ण को कनक, कांता, कीर्ति भी विचलित नहीं कर सके।

९. श्री कृष्ण नर से नारायण बने थे। कनक, कांता के मोह से अलिप्त रहने वाले महापुरुष भी कीर्ति के लिए न करने योग्य कर्म करते देखे जाते हैं।

१०. शुद्ध बुद्धि वाले को भी ललचाने वाली यदि कोई वस्तु है। तो वह कीर्ति है।

११. मानव कीर्ति के लिए मृत्यु का भी वरण करता है।

१२. कीर्ति के लिए मनुष्य प्राण त्याग करने के लिए भी नहीं हिचकता तो फिर वह इसके लिए दूसरों (समाज) का बलिदान कर दे तो इसमें नवीनता क्या?

१३. श्री कृष्ण ने तो मानव समाज के लिए अपनी कीर्ति का भी बलिदान दे दिया था। समाज का बलिदान रुकता हो तो वे स्वेच्छा से अपकीर्ति को स्वीकार करने के लिए भी तैयार थे।

१४. समाज के हित के लिए कीर्ति की बात तो एक ओर रही पर वे अपने मुँह पर कालिख लगवाने के लिए भी तैयार थे। ऐसे महामानव के संबंध में वह छोटा था या बड़ा ऐसी चर्चा करना निरीह मूर्खता है।

चरण - ५

१. दुराचारी सत्ताधीश पर भी आक्रमण हो सकता है। दुर्बल सत्ता, सम्पत्तिवान अपने कृत्यों से ही जाते हैं। सामान्य प्रजाजन उनका हाथ खींचकर उन्हें पदच्युत कर सकते हैं।

२. क्रोधित सिंह के सामने हिरणों के झुण्ड किस प्रकार खड़े रह सकते हैं। ये सभी तो मृगों की तरह डरपोक होते हैं।

३. सामुदायिक युद्ध का निर्णय व्यक्ति के पराक्रम पर अवलंबित नहीं होता। वैयक्तिक पराक्रम और शौर्य का निर्णय सामुदायिक युद्ध में नहीं हो सकता। युद्ध शास्त्र की नीति यह नहीं है। श्री कृष्ण ने युक्ति के बल पर ही पराजय से विजय प्राप्त की थी।

४. छोटे से छोटे व्यक्ति पर भी भूल से भी अन्याय नहीं करूँगा और कोई चाहे कितना भी बड़ा व्यक्ति क्यों न हो उसका अन्याय सहन भी नहीं करूँगा।

५. जो नम्र बनें उसके साथ अवश्य नम्रतापूर्ण बर्ताव करो। परन्तु यदि कोई मिथ्या बड़प्पन दिखाये तो उससे दबो नहीं। उसे कहो कि तू बड़ा है तो मैं तुझसे भी बड़ा हूँ।

६. श्री कृष्ण के समान धैर्य भी कहीं किसी में देखने को नहीं मिलता वे अलौकिक धैर्य के प्रतीक हैं। चाहे कितना ही कठिन समय रहा है। वे कभी भी धैर्य नहीं खोते थे। इतना ही नहीं पूर्णतः शांत और स्वस्थय चित्त भी रहते थे। यह लोक नेता कभी घबराया नहीं और

कभी व्याकुल नहीं हुआ और कभी डिगा भी नहीं। भय क्या चीज है। इसने यह जाना ही नहीं था। धैर्य और निर्भयता प्रेम और सहकार के ही परिणाम हैं। पाशवी सत्ता या पशु शक्ति के सामने वे कभी न तो कम्पित हुए, न ही भयभीत। उन्होंने उनको ही कंपाया है। उनके ऊपर अनंत संकट आये होंगे परन्तु किसी भी अवसर पर धैर्य छोड़कर निराश बने हुए दिखाई नहीं देते हैं। इसी को अलौकिक धैर्य कहते हैं।

७. अर्जुन की विजय का कारण श्री कृष्ण की सजगता और सावधानी ही थी।

८. जीवन क्या इतना सस्ता है? क्या इस अविवेक पूर्ण कदम से ही उसे समाप्त करना है? आज परीक्षा में अनुत्तीर्ण होने वाले और प्रेम भंग की पीड़ा अनुभव करने वाले ऐसे अविचार से ही आत्महत्या करते हैं। जीवन में कोई उच्च ध्येय हो तो तभी भव्य विचार होंगे। कहाँ श्री कृष्ण का प्रबल आत्मविश्वास, और कहाँ आज के युवाओं की दुर्बलता। मृदु जीवन तो हर कोई जी सकता है परन्तु जो कठोर जीवन का सामना करते हुए जिए, वे सच्चे पुरुष हैं। आत्मघात करना कायरता है। अपने जीवन का अंत करने का हमारा अधिकार नहीं है। मानव को मारने का एक मात्र अधिकार केवल भगवान को है। किसी के अधिकार में दखल देना अनुचित समझा जाता है।

९. ध्येय पर ध्यान देने वाले, ध्येय सिद्धि की सच्ची प्रतिज्ञा लेने वाले, भावना या विकारों के वशीभूत होकर मन द्वारा निर्मित संकटों को अपने ऊपर नहीं लेते। इसलिए उसे असली संकट की कल्पना ही नहीं होती है।

१०. महाभारत के युद्ध में पग-पग पर श्री कृष्ण की सावधानी दिखाई देती है। उनमें यह सतर्कता बचपन से ही थी। गायें चराने जाते तो

सभी ग्वालों पर दृष्टि रखते थे। किसी दिन कोई ग्वाल गायें चराने नहीं आता तो श्री कृष्ण दूसरे ही दिन उसकी खबर लेने उसके घर पहुँच जाते थे। बचपन में श्री कृष्ण को एक भी असुर धोखा नहीं दे सका। दूसरों के मुखमण्डल के भाव देखकर ही उसके मन की बात जान लेते थे। लोग मुँह पर चाहे कितना ही कृत्रिमभाव लेकर उनके पास जाते, परन्तु वे ऊपर का भाव वस्त्रहरण करने में समर्थ थे। यही थी श्री कृष्ण की वस्त्रहरण लीला। न कि स्थूल रूप में वस्त्रहरण। पाप चाहे कितने ही सुंदर श्रृंगार आडम्बर करके आये। उन्हे नग्न करने में वे जरा भी हिचकिचाहट या देर नहीं करते थे।

११. भीम को मेरे पास लाओ, मुझे उसका आलिंगन करना है। परन्तु श्री कृष्ण ने लौह प्रतिमा को आगे बढ़ा दिया। लोहे की भीम की प्रतिमा चूर-चूर हो गयी। तो बेचारे भीम का क्या होता। देखा न प्रेम, हमसे भी बहुत से लोग करते हैं। आपका और हमारा बहुत प्रेम है। उसकी परख करनी आनी चाहिए। तभी वह कृष्ण भक्त है। जो हरदम बुद्धू बन जाये, वह भगत है। भक्ति नहीं।

१२. श्री कृष्ण ऐसे दक्ष थे। शत्रुओं और शैतानों का मर्म स्थान जान लेते और वहीं पर चोट करते थे। दुष्टों आततायियों को उन्होंने इसी प्रकार नष्ट किया था।

१३. श्री कृष्ण अलौकिक दानवीर भी थे। उनसे बड़ा दानवीर दूसरा कौन हो सकता है। उनका किसी भी स्वार्थ के बिना विशुद्ध हेतु से किया गया दान था। यह दान उनके विशुद्ध जीवन का परिणाम था। यह परोपकार या स्वार्थ भावना से दिया गया दान नहीं था। उन्होंने अपना सम्पूर्ण जीवन ही दान में दे दिया था। उनका स्वयं का जीवन अपना नहीं रह गया था।

१४. श्री कृष्ण का छोटे से छोटे मित्र, विद्वान और अधिकारी के प्रति समान प्रेमभाव था। उनके अप्रतिम नेतृत्व का मूल उनका अपूर्व प्रेम और स्वार्थ त्याग था। इसी से लोगों का उन पर अटूट विश्वास था। उनके बहुत से मित्र और स्नेही आयु की दृष्टि से उनसे बहुत बड़े थे। फिर भी वे श्री कृष्ण का आदर करते थे।

चरण - ६

१. आपत्तिकाल में सज्जनों की सहायता के लिए दौड़ पड़ना। अच्छे समय में तो सभी अगल-बगल में आकर खड़े रहते हैं परन्तु संकट के समय साथ देने वाला कोई बिरला ही होता है। सच्चा सहायक वही है जो संकट के समय सब से आगे आये परन्तु सत्कार या सम्मान की बात पर नववधू की तरह लज्जा से पीछे चला जाये। श्री कृष्ण कार्य तो स्वयं करते थे और यश लोगों को दे देते थे। युद्ध के बाद विजय प्राप्त करने पर भी वह उसे दूसरों के नाम चढ़ा देते थे। संग्राम में आगे रहते और सम्मान के समय न जाने कहाँ छिप जाते थे।

२. युधिष्ठिर के समान सत्यनिष्ठ राजा दूसरा मिलना कठिन है। उनकी सत्य प्रियता असीम थी। ऐसे व्रतनिष्ठ, तत्वनिष्ठ, सत्यनिष्ठ धर्मराज ने भी श्री कृष्ण का कहना मानकर *"नरो वा कुञ्जरो वा"* तो कहा ही है। ऐसे तत्वनिष्ठ व्यक्ति से झूठ कहलवाना कितना कठिन है।

३. श्री कृष्ण बाल्यकाल से ही प्रतिभाशाली थे। उनके कहने से गोकुल वासियों, गोकुल के विद्वानों व बुद्धिमानों ने वंश परम्परागत रूढ़ि को त्याग दिया। इंद्र की पूजा छोड़कर गोवर्धन की पूजा आरम्भ कर दी। समस्त धर्मनिष्ठ प्रजा ने रूढ़ि छोड़ दी क्योंकि वे तो लोगों के मन के बाल सम्राट थे।

४. श्री कृष्ण के जीवन की एक तो रूढ़ि त्याग और दूसरी एक महान व्यक्ति से असत्य कहलाना महानता है। यही उनके प्रभाव को स्थापित करने के लिए पर्याप्त है।

५. जो तत्वज्ञान में पारंगत है। वह व्यवहार में अपरिपक्व और जो व्यवहार में कुशल है वह तत्वज्ञान में अपरिपक्व। परन्तु श्री कृष्ण व्यवहार और तत्वज्ञान दोनों में ही कुशल थे। परिपक्व थे। उनकी बुद्धि में व्यवहार और तत्वज्ञान दोनों के ही अंकुर थे।

६. न्याय और नीति के लिए क्षत्रिय सगे भाई को साथ लड़ने में नहीं हिचकता, तुम्हारा यह उपदेश तो वेश्या को पतिव्रता का उपदेश देने जैसा ही है।

७. सज्जन का अपमान ही उसकी मृत्यु के बराबर है। इसलिए तू जी भर कर धर्मराज की भर्त्सना कर ले। ऐसा करने से तेरी प्रतिज्ञा की रक्षा हो जायेगी।

८. सज्जन पुरुष यदि आत्मश्लाघा करे तो वह उसकी मृत्यु के बराबर ही है। तू अपने मुँह से अपनी निंदा कर, इससे मरे बिना ही प्रायश्चित हो जायेगा।

९. उत्कृष्ट तत्वान्वेषी बुद्धि और कार्याकार्य के निर्णय करने की त्वरित शक्ति के साथ-साथ उनमें इन्द्रिय निग्रह भी उत्कृष्ट था। राजा के राज्य, सत्ता और बल का मूल इन्द्रिय निग्रह है। उत्कृष्ट शासन, संस्था चलानी और क्रियायें रखनी हों तो उसमें भी प्रत्येक अधिकारी सत्ताधारी, मंत्री, और सामान्य नागरिकों सहित सभी में इंद्रिय निग्रह होना चाहिए। अर्थनीति और राजनीति चरित्र पर ही टिकती है।

१०. श्री कृष्ण तनिक भी क्षुब्ध हुए बिना, विकारों को उत्पन्न करते और फिर समेट सकते थे। जैसे- कछुआ आवश्यकता पड़ने पर अपने अंगों को बाहर निकालता है और फिर अंदर खींच लेता है। उसी तरह श्री कृष्ण का भी इंद्रियों पर सहज नियंत्रण था।

११. श्री कृष्ण का व्यक्तित्व हिमालय जैसा भव्य और ज्वालामुखी जैसा भयानक था।

१२. समग्र समाज के सच्चे स्वामी श्री कृष्ण ही हैं। हमें जो मिला है। वह उनकी कृपा से, शक्ति से ही मिला है। इसलिए धर्मराज ने सम्पूर्ण राज्य उनके चरणों में रखकर कहा कि राजसूय यज्ञ आप ही करें। मैं नहीं करूँगा। तब श्री कृष्ण ने धर्मराज की तरफ इशारा करते हुए कहा अच्छा यह राज्य मेरा है। इस बात को मैं स्वीकार करता हूँ परन्तु मैं उसे तुम्हें सौपता हूँ। तुम इसे स्वीकार करो और यथोचित कार्य करो और उन्होंने स्वयं अपने ऊपर ब्राह्मणों के चरण धोना, और जब वे भोजन कर लें तब उनकी झूठी पत्तलें उठाने का कार्य किया। कितनी अद्‌भुत विनम्रता है। निर्लोभी जीवन के साथ ही लौकिक मानापमान के विचारों से अतीत स्थितप्रज्ञ श्री कृष्ण के अतिरिक्त और कौन हो सकता है।

१३. श्री कृष्ण लौकिक मानवतावादी थे। उनके जैसा उदात्त तेजस्वी और विशुद्ध जीवन जीने वाला कहीं भी नहीं मिलेगा। मानवता के लिए उन्होंने अपनी चमड़ी घिस डाली थी। जितने भी युद्ध किए उनमें से अपने लिए कुछ नहीं रखा। वे निष्काम कर्मयोगी थे।

१४. वे मानवता का करुण क्रंदन सुनकर कूद पड़ते थे। उन्होंने नरकासुर से हजारों निर्दोष कुमारियों को उसके नरकारागार से छुड़ाकर मुक्ति दिलाई। जो राजा और माता-पिता अपनी पुत्रियों के वियोग में विलाप करते और छाती पीटते थे। अब वे उन्हें स्वीकार करने के लिए तैयार न थे। वे तो यहाँ तक कहने लगे कि काला मुँह कर वापिस आने की अपेक्षा गले में पत्थर बाँधकर डूब क्यों न मरीं। उन्हें उबारने के लिए अपनाकर उन त्यक्त, तिरस्कृत बालाओं को समाज में सम्मानित स्थान दिलाया। श्री कृष्ण ने इस सामाजिक

कंटक को दूर कर तथा अनाथ बालाओं को अपनाकर समाज और विशेषतया नारी जाति पर बहुत बड़ा उपकार किया। श्री कृष्ण को विलासी कहने वाले पशु ही हैं। प्रत्येक काल में जब कभी कन्याओं का अपहरण होता है। तब अपहरण से मुक्त बालाओं की ऐसी ही विषम स्थिति होती है। इसलिए उन्होंने मानवोचित उद्गार प्रकट किए। यदि उनके साथ कोई शादी नहीं करता तो मैं करूँगा। तभी तो उस काल में उन्हें इतनी महत्ता मिली।

चरण - ७

१. भारत में यदि किसी चीज की सबसे अधिक कीमत है तो वह चरित्र की है। महान कार्य करने वाला हो पर यदि वह चरित्रहीन होगा तो भारत की जनता उसके नाम पर थूकेगी। वह कभी भी उसे सम्माननीय स्थान नहीं देगी।

२. काम वासना एक स्वाभाविक वृत्ति है। स्त्री का पुरुष के प्रति और पुरुष का स्त्री के प्रति स्वाभाविक आकर्षण है। जगत में स्त्री पुरुष प्रकृति और पुरुष हैं। काम सत्ता प्रभु निर्मित है। मानव अपनी काम मर्यादा का उल्लंघन न करे इसके लिए समाज में नियम बनाये गये हैं। वे संबंध यदि अव्यवस्थित रहे तो जीवन में सुख-शांति आदि का अभाव रहेगा। गृहस्थाश्रम धर्म मानव को मर्यादा उल्लंघन करने से रोकता है। पतिव्रता धर्म स्त्री को उसके धर्म और मर्यादा का भान कराता है। एक पत्नीव्रत धर्म पुरुष को स्त्री जाति के प्रति निष्ठा का बोध कराता है। हिन्दू धर्म में पत्नीव्रता, पतिव्रता, गृहस्थाश्रम आदि की चर्चा की गई है। स्त्री-पुरुष को मर्यादा में रखने के लिए नियम बनाये गये हैं और इन नियमों के कारण ही समाज की स्थिरता जीवित है।

३. *पुण्य* अर्थात जिसमें मन को संयम में रखना पड़े और परिणाम सुखकारक हो। *पाप* अर्थात जिसमें मनुष्य स्वेच्छाचारी बने और परिणाम सर्वनाश में हो।

४. किसी भी समाज में जहाँ स्त्री-पुरुष का संबंध विशुद्ध नहीं होता, वहाँ आनंद देखने को नहीं मिलता। सुख सत्य से मिलता है। सत्य धर्माचरण में है। संक्षेप में समाज में स्त्री-पुरुष तो रहेंगे ही, नित्य नये-नये, चेहरे भी देखने को मिलेंगे। उन पर बंधन नहीं लगाया जा सकता है। कामवृत्ति बेकाबू न हो जाये इस हेतु से पाप-पुण्य के धार्मिक पर्दे के पीछे स्त्री-पुरुष के संबंध की सामाजिक व्यवस्था की गई है। इसलिए उसमें पर-स्त्री, पर-पुरुष का संबंध निन्दक माना गया है। उस व्यक्ति को पापी कहते हैं। उसके बहिष्कार तक का आदेश दिया गया है।

५. हमारी बुद्धि सीमित और दृष्टि मर्यादित है। इसीलिए प्रभु हमारी कल्पना के अनुसार छोटे नहीं होने चाहिए। हमारे रीति-रिवाज नियम, हम जैसे त्रिगुणात्मक और विकारी लोगों के लिए ही हैं। गुणातीत स्थितप्रज्ञ परमेश्वर के लिए नहीं है।

६. नियम, कानून दुर्बल मानवों के लिए ही हैं। हमारे नीति नियमों के पीछे हमारी दुर्बलता छिपी है। मानव को नीति के वस्त्र पहनने पड़ते हैं क्योंकि वह दुर्बल है। उसका मन उसके हाथ में नहीं है। वृत्तियों पर उसका नियंत्रण नहीं है। परन्तु जो निर्भय हैं जिसका मनोबल अविचल है। उसे वस्त्र की भी क्या आवश्यकता है। वृत्ति और वासना जिसके वश में हो उस पर कौन-सा नियम लागू होता है। हम निर्बल पापी तथा असमर्थ हैं। तभी इतने नियम पालते हैं। हमारी सारी प्रवृत्तियाँ आत्म सुख के लिए हैं और वह भी भौतिक सुख के लिए ही होती हैं। जिनकी समस्त प्रवृत्तियाँ जग के कल्याण के लिए होती हैं। वे लौकिक विचारों से सदा ऊपर होते हैं। जिनके मन के भेदभावों और विकारों का पूर्णतया लोप हो गया है। उनकी प्रत्येक क्रिया निरपेक्ष और निष्काम स्वरूप की होती है।

७. जब बुद्धि निर्मल होगी तब गोकुल वृंदावन में मात्र सात्विक प्रेम ही दृष्टिगोचर होगा। वहाँ चिन्मयता और प्रेममयता ही देखने को मिलेगी। गोपियाँ प्रेम की साक्षात देवियाँ लगेंगी। फिर वासना पूर्ण विचार ही नहीं आयेंगे।

८. श्री कृष्ण मातृप्रेम, भातृप्रेम, वत्सप्रेम, आदि प्रेम के अधिष्ठाता थे। उनके प्रेम को वासना के रूप में देखने के समान बड़ा पाप दूसरा नहीं हो सकता। वे विश्वप्रेम के आधार हैं।

९. शत्रु को शत्रु, मित्र को मित्र, माता-पिता को पुत्र के रूप में दृष्टिगोचर होने वाले श्री कृष्ण का क्या दोष है। हमारी जैसी मनोवृति होगी उसी रूप में श्री कृष्ण हमें दिखाई पड़ेंगे। सच्चा श्री कृष्ण कैसा है? यह तो अपने मन के विकारों को दूर कर देखेंगे तभी पता चलेगा।

१०. श्री कृष्ण को बाँधने के लिए तो यशोदा बनना होगा। यशोदा माता ने ही उन्हें बाँधा था। माता के प्रेम बंधन से ही वे बंधे थे। दूसरों में उनको बाँधने की शक्ति नहीं है और इस शक्ति के मिलने के बाद कोई न तो बाँध ही पायेगा और न ही बाँधने की इच्छा ही करेगा।

११. गोपी शब्द में "गो" अर्थात इन्द्रियाँ/हरी घास देखी कि गायें दौड़ पड़ती हैं। इन्द्रियों का भी ऐसा ही है। मन की वृत्तियाँ ही गोपियाँ हैं। ये वृत्ति रूपी गोपियाँ अपना होश भूलकर जहाँ चाहें वहाँ दौड़ जाती हैं। मार्ग में खड्डों का भी विचार नहीं करतीं। श्री कृष्ण गोपियों को ऐसे खड्डों से बचाने वाले हैं। गोपति (गो-का पति)यानि इन्द्रियों का पति अर्थात इन्द्रियों का देवता-आत्मा। इसलिए इंद्रियों का आत्मा के साथ संबंध हो तो वे अधः पतन से बच जाते हैं।

१२. वृत्तियाँ भी कई अच्छी और बुरी होती हैं। बुरी वृत्तियों को सुधारने और उन पर नियंत्रण रखने का काम गोपी बल्लभ का ही है। इसलिए श्री कृष्ण को गोपियों का वस्त्रहरण करना पड़ा। आत्मा को बुरी मनोप्रवृत्ति को वस्त्रहरण करना पड़ा है। जिसका उद्‌देश्य गोपियों को सन्मार्ग पर लाना है। इसलिए श्री कृष्ण ने मन की प्रवृत्ति रूपी गोपियों के वस्त्रों का हरण किया। तत्कालीन मानवों जैसे भीष्म, द्रोण का भी वस्त्र हरण कर नग्न किया।

१३. पाप अति रमणीय है। कितने सुंदर वस्त्र पहनकर आता है। यह पाप है। ऐसा जानते हुए भी हमसे वह हो ही जाता है।

१४. हमें जो अपनी ओर खींचे रहता है वह कृष्ण है। इन्द्रियों की प्रवृत्ति को ध्येय खींचता है। इसलिए जीवन में ध्येय होना चाहिए। कृष्ण ध्येय के प्रतीक हैं। श्री कृष्ण मन की प्रवृत्तियों को खींचने वाले हैं। ध्येय जब मुरली बजाता है तो मन:प्रवृत्तियों उपस्थित हो जाती हैं। जिनका जीवन ध्येय हीन, निष्प्राण, चेतना शून्य और उच्च एवं उदात्त विचारों से हीन हो उनका मन! प्रवृत्ति भव्यता की ओर आकर्षित हो ही नहीं सकता।

१५. वे पातिव्रत्य के भक्षक नहीं बल्कि रक्षक थे। तभी तो द्रोपदी ने उन्हें बुलाया था।

१६. भक्ति श्रृंगार और श्रृंगारिक भक्ति को सूक्ष्म दृष्टि वाला व्यक्ति ही समझ सकता है। स्थूल दृष्टि वाले को सब श्रृंगार ही लगता है।

१७. सूर्य पर थूकने से थूक अपने ही मुख पर पड़ने वाला है। सूर्य को उससे कोई क्षति होने वाली नहीं है।

चरण - ८

१. द्रोपदी का अपमान उनको रात-दिन चुभता था। उन्हें किसी समय पवित्र स्त्री का अपमान सहन नहीं होता था। संस्कृति सम्पन्न, शास्त्र सम्पन्न व्यक्ति के लिए यह अपमान सहन करना संभव भी नहीं।

२. उदात्त हृदय वाले जिनको मानव की सेवा करनी है। ऐसे धर्म संकट में भी इस बात का विचार नहीं करते हैं कि मेरे संबंध में लोग क्या कहेंगे। इसका ही विचार करते हैं कि जन कल्याण किसमें है। जिससे मानव जाति का कल्याण हो वे वैसा ही कदम उठाते हैं।

३. श्री कृष्ण की विचार श्रेणी अद्‌भुत थी। उनकी दृष्टि मानव जाति के कल्याण पर लगी थी। अन्य बातों की उन्हें चिंता न थी। भीष्म, द्रोण, कर्ण आदि भले ही सज्जन हों परन्तु मुझे तो सज्जनता टिकानी है। अधर्म के स्थान पर धर्म की स्थापना करनी है। धर्म स्थापना के इस कार्य में यदि भीष्म आदि अवरोध पैदा करते हों तो मैं उनका वध करने के लिए तैयार हूँ। ऐसा था श्री कृष्ण का दृष्टिकोण।

४. महापुरुष कोई भी निर्णय लेने से पहले अपने अंत:करण से परामर्श करते हैं। और अंत:करण की आवाज का अनुकरण करते हैं। अंत:करण की आवाज उनके लिए अंतिम आदेश होता है। अंत:करण जिस कार्य को करने का आदेश देता है। उसे वे अन्य कुछ भी विचार किए बिना तुरन्त ही हाथ में ले लेते हैं। ये लोग अन्तर्ध्वनि को ही प्रधानता देते हैं। इस दृष्टि से उन्हें जो न्याययुक्त धर्म और

योग्य लगता है वे वैसा ही कदम उठाते हैं। इसलिए श्री कृष्ण के अंत:करण को जो उचित लगा उन्होंने वही किया।

५. युद्ध में कपटी के साथ कपट करना ही युद्ध नीति है। जब संस्कृति के संरक्षण का प्रश्न उठता है या उपस्थित होता है तब छद्मनीति अपनानी ही पड़ती है। वह निंद्य नहीं है। अत: जगत के कल्याण और संस्कृति के रक्षणार्थ कपट करने वाले को मानवता के हित के लिए कपटी लोगों के साथ कपट से काम लेना ही पड़ता है। अर्थात संस्कृति के रक्षण तथा मानवता के विकास के लिए कपट करना रणनीति है।

६. शत्रु को चकमा देना रणनीति है। युद्ध में शत्रु को मूर्ख बनाना ही चाहिए। लड़ाई अर्थात शत्रु के दुर्बल पक्ष का उपयोग कर उसे मारना चाहिए। शत्रु की निर्बलता को समझकर उसका लाभ उठाकर प्रहार करना ही रणनीति है। शत्रु में कुछ न कुछ दुर्बलता हो तभी उसका पराजय होना संभव होता है।

७. बुरे कर्म करने वाला व्यक्ति चाहे स्त्री हो तो भी उसे दण्ड मिलना ही चाहिए। इसीलिए राम ने ताड़का तथा श्री कृष्ण ने पूतना का वध किया था।

८. मानव की शैतानी वृत्ति को समाप्त कर उसमें देवत्व जगाना बहुत बड़ी बात है। साधु पुरुष सदा इसी दृष्टि से विचार करते आये हैं। श्री कृष्ण ने दुष्टों को मारने के लिए शठं प्रति शाठ्यम की रणनीति अपनायी थी। यह उनके तत्व ज्ञान की विशेषता और पूर्णता को प्रदर्शित करता है। जबकि अन्य लोग दुष्टों को मारने की बजाय सुधारने का प्रयास करते हैं लेकिन श्री कृष्ण अलौकिक थे

९. सत्तारुढ़ व्यक्ति को सुधारा नहीं जा सकता है। समाज और मानव जाति के हित के लिए ऐसे व्यक्तियों का विनाश ही करना पड़ता

है। सत्ताहीन व्यक्तियों को ही सुधारा जा सकता है। अर्थात सत्ताहीन को संस्कार से सुधारा जा सकता है। लेकिन सत्तावान को नहीं। श्री कृष्ण ने कभी सत्ताहीनों का वध नहीं किया। उन्होंने मात्र सत्तारुढ़ दुष्ट शासकों का ही वध किया क्योंकि न तो वे संस्कार से सुधरते और न किसी की सुनने को तैयार होते। उनकी जाति ही भिन्न होती है। उन्होंने अपने आचरण से, जगत को सुधारा है।

चरण - ९

१. तर्क बुद्धि को यथास्थान रखे तो एक भी दोष नहीं दिखायी देगा परन्तु इसके लिए विशुद्ध तार्किक विचार चाहिए। श्री कृष्ण जैसा न हुआ और न ही भविष्य में होगा।

२. जगत में माँ का स्थान अनोखा, अद्‌भुत और अद्वितीय है। उसके उपकारों का बदला नहीं चुकाया जा सकता। ऐसी माता के प्रति बड़े होने के बाद भी जो भक्तिभाव रखे उसकी आत्मा को ठेस पहुँचाने वाला कोई काम न करे और उसे सदा खुश रखने का प्रयत्न करे वही सच्चा पुत्र है।

३. बचपन में तो सभी माँ-माँ करते हैं। जो बड़ा होने पर भी घर में प्रवेश करते ही माँ की खबर पूछे, वही सच्चा पुत्र है।

४. वास्तविक पितृभक्ति तो वह है जिससे माता-पिता के हृदय को दुःख न हो, किसी भी परिस्थिति में माता-पिता के प्रति जिसके भाव ज्यों के त्यों रहें, वही सच्चा पुत्र है। माता-पिता की भावना को संतोष देना, ऐसा कुछ न कहना या करना, जिससे उनको दुःख हो, माँ बाप के भाव और भावना के साथ समरस होना ही पुत्र धर्म है।

५. उच्च सिद्धांतों को अपने जीवन में उतारकर, तद्‌नुसार व्यवहार कर जगत को पाठ पढ़ाने वाले शिक्षक कहीं देखने को नहीं मिलते। संसार में रहकर भी उसमें ललचा न जाना, और अनासक्त जीवन

व्यतीत करना। ऐसा बोध उन्होंने स्वयं तदनुरुप जीवन जीकर दिया है। इसीलिए तो श्री कृष्ण जगतगुरू हैं।

७. लोगों को संकट का सामना करने तथा विषमावस्था में भी निर्विकार रूप से अनासक्त रहने का शिक्षण देने के लिए ही श्री कृष्ण ने स्वमेव संकट निर्माण किए थे।

८. श्री कृष्ण में विकारों का लेशमात्र भी अंश नहीं था। उन्होंने न कभी सत्ता प्राप्त करने की लालसा की और न वैभव प्राप्ति की चाह ही। उन्होंने तो कदमों पर पड़े वैभव और सत्ता को भी ठुकरा दिया। ऐसा निःस्वार्थ और अनासक्त जीवन कहीं देखने को नहीं मिलता। उनमें से एक मात्र विकार और लालसा भक्तों के प्रेम की थी वे केवल भक्तों के प्रेम के भूखे थे।

८. अपने लिए तो सभी जीते हैं परन्तु जो दूसरों के लिए जीता है वही सच्चा मानव है। उनके लिए सुख-दुःख दोनों ही समान थे। दैव के कारण सुख या दुःख जो कुछ आता उसे शांति से ग्रहण कर लेते थे। इस प्रकार उन्होंने हमें निष्काम जीवन जीना, सुख में फूल न जाना दुःख में घबरा न जाना, और बुद्धि को चंचल न होने देना, अनासक्ति वृत्ति से जीवन जीने का पाठ पढ़ाया है। इसीलिए तो श्री कृष्ण लोकोत्तर शिक्षक थे।

९. बचपन कैसा होना चाहिए कैसे बिताना चाहिए, यह उन्होंने अपने जीवन द्वारा सिखाया। उन्होंने अपने विद्यार्थी जीवन द्वारा हमको आदर्श विद्यार्थी बनने का पाठ पढ़ाया है। उत्तम से उत्तम गृहस्थ जीवन अपने जीवन से सिखाया और समाज में किस प्रकार रहना और जीवन के समस्त क्षेत्रों के संबंध में उनके जीवन से मार्ग दर्शन मिलता है।

१०. देह नाश नैसर्गिक है, निश्चित है जबकि आत्मा अजर, अमर, चिरन्तर और शाश्वत है। इसलिए युद्ध में मृत्यु आये तो सहर्ष

स्वीकार कर लो, परन्तु ध्येय को मत छोड़ो। अर्थात मानव को ध्येय के निमित्त पर मर मिटने की प्रेरणा देने वाला है।

११. जगत की कठिन से कठिन समस्या जिन्हें उलझन में नहीं डाल सकी। विकट से विकट समस्याओं को जो घड़ी भर में हल कर सकते थे। ऐसे उत्कृष्ट बुद्धि वाले योगेश्वर के लिए समरभूमि में अर्जुन को उपदेश देना बिलकुल बायें हाथ का खेल था।

१२. किसी भी वस्तु का आग्रह नहीं पकड़ना चाहिए। अनाग्रही बुद्धि वाला ही विकास कर सकता है।

१३. प्रत्येक वस्तु पर नियंत्रण होना चाहिए। किसी भी बात का अतिरेक नहीं होना चाहिए। यही सच्चे विकास का मार्ग है। मानव इस मार्ग को अपनाकर स्थाई उन्नति सिद्ध कर सकता है।

१४. श्री कृष्ण ने सभी धर्मग्रन्थों का अर्थ निकालकर लोगों को निरपेक्ष भाव और अनहंकार बुद्धि से कर्म करने का उपदेश दिया है।

१५. जो निरपेक्ष भाव से कर्म करता है। वह सन्यासी तथा जो फलेच्छारहित साम्य दृष्टि से कर्म करता है। वह कर्म योगी है। अर्थात कर्म तो सभी को करना ही है।

१६. तुम श्रद्धापूर्वक किसी भी देव, किसी भी विभूति की उपासना करो। तुम्हें बैकुण्ठ मिलेगा। ऐसा कहने वाले श्री कृष्ण ही प्रथम महापुरुष हैं।

१७. जो होना हो वह भले ही हो तू श्रद्धापूर्वक अपना कार्य कर।

१८. मानव जीवन का तत्वज्ञान है। कर्म करना ही पड़ेगा। संन्यास भी चाहिए। परन्तु संन्यास के लिए कर्मत्याग की आवश्यकता नहीं है। यही गीता की वाणी है।

१९. सफल जीवन जीने के लिए निर्भयता अति आवश्यक है। जो कुछ करो वह सब ईश्वर को अर्पित कर करो, फलासक्ति रहित कर्म करो।

२०. तेरा यह अहंकार भी मिथ्या ही है। प्रकृति को तू दबा या टाल नहीं सकता। तू प्रकृति का निग्रह नहीं कर सकता। मन को दबाया जा सकता है। प्रकृति को नहीं।

२१. तुझे तो निर्लेप अंत:करण से फल की अपेक्षा रखे बिना, निरहंकार और निर्भय होकर कर्त्तव्य बुद्धि से कर्म करना है। अर्थात जन-कल्याण के लिए संग्राम करना है।

चरण - १०

१. व्यक्ति धर्म स्वयं के प्रति और समष्टि धर्म समाज के प्रति होता है। व्यष्टि जीवन की सरिता, समष्टि जीवन के महासागर में मिले तभी उसे सच्चा जीवन कहा जा सकता है। अर्थात जब दोनों ही धर्मों का समुचित रीति से पालन हुआ तभी मानव सच्चा मानव बनता है।

२. मानवता को भौतिक संस्कृति नहीं बल्कि आत्मिक, चैतन्यमय संस्कृति ही बचा सकती है।

३. आपको अपना कर्त्तव्य निष्काम और निरपेक्ष भाव से करना है। फल का विचार न कर कार्य करते रहना है। कर्त्तव्य के पीछे फल दौड़ता हुआ आयेगा।

४. जब तक जगत अधिकार के लिए लड़ता रहेगा, तब तक सुख, शांति, उन्नति संभव नहीं है। जब वह अधिकार की अपेक्षा कर्त्तव्य की ओर दौड़ेगा, उसके लिए संघर्ष करेगा, तभी वह महान व विशाल होगा तथा सच्ची उन्नति कर सकेगा।

५. अधिकार के लिए कर्त्तव्य पालन नहीं वरन कर्त्तव्य के लिए कर्त्तव्य पालन करना चाहिए।

६. जो मानव सत्य की आराधना करता है, नीति से चलता है। उसके मन में अटल आत्म विश्वास होना चाहिए। विश्वास खो बैठने वाला मानव कभी महान नहीं होता है। कर्मयोग ही ऐसा विश्वास पैदा कर सकता है।

७. मानव बलपूर्वक तलवार से नहीं सुधारा जा सकता वरन् हृदय परिवर्तन से ही संभव है।

८. निःस्वार्थ और परार्थ कर्म की रूपरेखा देकर व्यक्ति से परे कोई है, यह बताकर मानव जीवन में नीति भावना निर्माण की है। आज जगत को इसी तत्वज्ञान की आवश्यकता है।

९. मेरी तरह दूसरा भी मनुष्य है ऐसा विचार करने लगेंगे तब जगत स्वयं ही सुधर जायेगा।

१०. निर्भयता उन्नति की चाबी है।

११. दुर्लभ वस्तु के लिए मिथ्या आत्मसंतोष करने की वृत्ति मानव के विकास को अवरुद्ध करती है। मिलने पर भी जिसे मोह नहीं वही सच्चा मानव है।

१२. जगत को अत्याचार से नहीं सुधारा जा सकता उसके लिए आत्मिक सत्ता के निर्माण की आवश्यकता है। जीवन में पशुत्व से मनुष्यत्व और मनुष्यतत्व से देवत्व निर्माण के लिए आत्मिक शक्ति चाहिए।

१३. श्रद्धा भक्ति पर धर्म नहीं टिक सकता, श्रद्धा भक्ति के साथ-साथ बुद्धि की आवश्यकता है।

१४. स्वार्थ के पेट में रही यह पशुता दूर हो और उच्च नैतिकता प्रकट हो, तभी मानवता निर्माण हो सकती है।

१५. जिनको जीवन का मोह है ऐसे लोलुप मानव, मानव जाति के पथ प्रदर्शक नहीं बन सकते।

१६. श्री कृष्ण का सच्चा उपासक वही है जो मानवता का उपासक हो। अपने स्वार्थ का विचार न कर जगत के कल्याण का विचार करता हो, तथा जिसमें जगत के लिए कुछ करने की लालसा हो। जो योग में सुख मानता है वही सुखी और कृष्णभक्त है।

१७. त्याग और संयम मानव को आत्मोद्धार का मार्ग बतायेगा और विश्व को एक सूत्र में बाँध सकेगा। अकेले खाने की अपेक्षा दूसरों को खिलाने में आनंद आता है। मानवता के पुजारी के लिए समग्र मानव जाति एक है।

१८. हमें यदि लोक कल्याण के लिए गोवर्द्धन पर्वत को उठाने वाले श्री कृष्ण का सच्चा पुजारी बनना हो तो हमें भी लोक सेवा करनी पड़ेगी। मानव-जाति का पुजारी बनना पड़ेगा। हम ग्वाल बाल बनकर लाठी का सहारा देंगे तो भी पर्याप्त होगा। व्यक्ति स्वातंत्र्य की अपेक्षा न रखकर समष्टि में बैठकर कार्य करेंगे। इस कार्य को कभी नहीं भूलेंगे। ऐसा सोचकर प्रभु के चरणों में समर्पित करूँगा। प्रभु मेरे संकल्प को शक्ति एवं भक्ति दे।

चरण - ११

१. गगन को गगन की ही उपमा दी जाती है। सागर को भी सागर की ही उपमा दी जाती है। वैसे ही गीता को गीता की ही उपमा दी जा सकती है क्योंकि यह सच्चा जीवन ग्रंथ है।

२. **प्रथम प्राणः** प्रयत्न के बिना जो धन मिलता है उसमें पौरुष का आह्वान नहीं है और धनार्जन का आनंद भी नहीं है। धन कमाने का भी एक आनंद होता है। पौरुष को भी एक चुनौती है। पौरुष से प्राप्त धन में सुगंध होती है। वह धन दैवी होता है।

३. बिना प्रयत्न मेहनत से मिले पैसे के कारण मानव का आनंद नष्ट हो जाता है।

४. प्रत्येक व्यक्ति कहता है कि प्रयत्न करना चाहिए, परन्तु गीता के प्रयत्नवाद में कुछ अतिरिक्त कीमत है। गीता केवल प्रयत्न को ही नहीं मानती और केवल पुकारने की भी बात नहीं करती। वह इतना ही कहती है कि प्रयत्न करता जा और सहायता माँगता जा।

५. हृदय की दुर्बलता त्याग दे। मुझसे यह होगा कि नहीं, मैं कर सकूँगा कि नहीं ऐसी लाचारी छोड़ दे। प्रयत्न करना शुरु कर और साथ ही साथ प्रभु को पुकारता जा। केवल प्रयत्न करने लगेगा तो रावण हो जायेगा और केवल पुकारेगा तो मूर्ख समझा जायेगा। इसलिए प्रयत्न कर और फिर सहायता माँग।

६. बिना प्रयत्न के भगवान नहीं मिलते। थोड़ा बहुत दुःख सहना चाहिए। थोड़ी बहुत व्यथा सहनी चाहिए। तप करना चाहिए। घिस जाना चाहिए। दुःख के बिना सिद्धि नहीं मिलती है।

७. तेरे पास तो अतुल सुप्त शक्ति है। तू अपनी शक्ति का हजारवां भाग भी उपभोग नहीं करता है। तू इतना कंजूस है। नर जो अपनी करनी करे तो नर से नारायण हो जायेगा।

८. **दूसरा प्राणः** तुम प्रयत्न करोगे काम करोगे, स्वयं ही तुम्हें सिद्धि मिलेगी मगर सिद्धि मिलने पर तुम अहंकारी बनोगे। यह अहंकार अच्छा नहीं है। इसे हटाना चाहिए।

९. निंदा सुनकर बहुत दुःखी होने की आवश्यकता नहीं है क्योंकि तू इतना खराब होगा ही, ऐसा नहीं है। और स्तुति सुनकर खुश हो जाने की भी आवश्यकता नहीं है क्योंकि तू इतना अच्छा भी नहीं है। लोग तो अपने स्वार्थ की दृष्टि से ही निन्दा या स्तुति करते हैं।

१०. यह सब किसके हाथ में है। जीना हमारे हाथ में नहीं है और मरना भी हमारे हाथ में नहीं है। जीने की इच्छा रखने वाले मर जाते हैं और मरने को निकले हुए जीवित वापस लौट आते हैं।

११. स्वयं किए हुए कर्मों का उत्तरदायित्व तो स्वयं ही उठाना होता है। उसे दूसरों को नहीं सौंपना चाहिए। तुम्हारे कर्म की जिम्मेदारी भगवान क्यों उठायें।

१२. जहाँ तक द्वैत होगा वहाँ तक अहं होगा और अहं होगा तो बाधक बनेगा ही।

१३. जब तक तुम जीवित रहोगे तब तक अहंकार रहेगा इसलिए पत्नी की भाँति पति स्वरूप ईश्वर को अपना समग्र व्यक्तित्व और अस्तित्व समर्पित कर दो। अर्थात तुम्हारा समाप्त हो जाना आवश्यक है। तभी अहंकार से छुटकारा मिल पाना संभव है।

१४. इस प्रकार जीते जी समाप्त हो जाने का मार्ग संन्यास है।

१५. क्षुद्र अंहकार को दूर करने के लिए बड़ा अहंकार रखें कि हे प्रभु! मैं तेरा हूँ और इसलिए मैं अहंकारी हूँ।

१६. भगवान मुझे जो अभिमान है वह तेरी शक्तियों का है।

१७. गीता पढ़ने वाला व्यक्ति तो तूफानी और मन का मस्त होता है। वह धरती को कंपाता हुआ चलता है। वह मानता है कि मैं तेरा हूँ इसलिए मुझे गर्व है। अर्थात अहंकार होना चाहिए कि मैं सामान्य नहीं हूँ। प्रभु का हूँ।

१८. **तीसरा प्राणः** मानव में चैतन्य, अस्मिता, मस्ती जागृत करने का काम लोक संग्रह है।

१९. लोक संग्रह का अर्थ लोगों को इकट्ठा करना नहीं बल्कि लोगों की उन्नति करना है। मानव की चैतन्य जागृति, जीवन जागृति, भाव जागृति, यही लोक संग्रह है।

२०. मानव को लाचार बनाने के बदले उसमें चैतन्य जागृत करना चाहिए। क्योंकि उसके अंदर राम बैठा हुआ है। इस तरह मानव में चैतन्य जागृत करने का काम लोक संग्रह है।

२१. **चौथा प्राणः** भक्ति जीवन का प्राण है। श्वासोच्छवास है। भक्ति करने की चीज नहीं है बल्कि वृत्ति है। जबकि उपासना करनी होती है। और भक्ति वृत्ति होती है।

२२. सच्चा भक्त किसी भी समय भगवान से विभक्त/विलग नहीं होता है। भगवान ही मनुष्य में बैठा हुआ चैतन्य है।

२३. गीता की भक्ति तो चैतन्य देती है। गीता की भक्ति में माँ का दूध मिलता है। माँ का स्तनपान मिलता हो तो सभी श्रृंगारों का कोई अर्थ नहीं है।

२४. अपने मन और अपने भीतर का शुद्धिकरण, और उद्दातीकरण करने की जवाबदारी का विचार करने के लिए तो तू चित्त को एकाग्र कर।

२५. गीता की भक्ति तो चित्त की एकाग्रता के लिए है। चित्त की एकाग्रता भक्ति का दुग्धपान है।

२६. जागृत अवस्था में भी जगत को भूलने का उत्तम उपाय मूर्तिपूजा है।

२७. भक्ति का स्वतंत्र, तेजस्वी और निराला ही दर्शन है। इस दर्शन को हृदय में रखकर ही मंदिर में जाना चाहिए।

२८. **पाँचवां प्राणः** कर्मयोगी का हाथ, ज्ञानी की आँख, और भक्त का हृदय इन तीनों के समन्वय से त्रिवेणी संगम होता है।

२९. गीता के समन्वय में तो पूर्ण ज्ञानी, पूर्ण कर्मयोगी, और पूर्ण भक्त के स्थान हैं। पूर्ण ज्ञानी कर्म भक्ति सहित होता है। पूर्ण कर्म योगी ज्ञान-भक्ति युक्त होता है और पूर्णभक्त ज्ञान-कर्म सहित होता है। किसी को भी लो इसमें तीनों गुणों का समन्वय होगा ही।

३०. जो व्यक्ति अपने दोषों को हिम्मतपूर्वक स्वीकार कर लेता है उसको प्रभु अपनाते हैं।

३१. जीवन को निराशावादी भाव से देखने का दृष्टिकोण धर्म को वर्षों से लगा हुआ कैंसर है।

३२. जीवन भोग के लिए नहीं है बल्कि भाव के लिए है। जीवन में अनंत भाव है। फिर भी समाज में उनका अस्तित्व नहीं दिखाई देता है।

३३. गीता तेजस्वी जीवन दृष्टि देती है। वह कहती है कि जीवन को इतना सुन्दर बना दो कि ऊपर जाने के बाद स्वयं भगवान भी हमारी आरती उतारने को तैयार रहें।

३४. गीता की सच्ची भक्ति व्यक्ति को खड़ा कर देती है। उसका मस्तिष्क बदल देती है। उसको तेजस्वी बना देती है। यह तेजस्विता घमण्ड नहीं, लाचार दीनहीन भी नहीं, इन दोनों के बीच का जीवन निर्झर है।

३५. गीता तो व्यक्ति को भोग जीवन से वापस मानव जीवन की ओर उससे भी आगे भद्रजीवन की तरफ ले जाना चाहती है।

३६. जीवन में प्रयत्न करते रहेंगे और प्रभु को पुकारते रहेंगे, अहंकार निकाल डालेंगे, जीवन को तेजस्वी भक्ति से ओत-प्रोत करेंगे और जीवन में ज्ञान, भक्ति और कर्म का समन्वय लायेंगे।

महात्मा बुद्ध-दर्शन

१. यदि आदमी बुरे मन से कुछ भी बोलता या करता है तो दुःख उसके पीछे-पीछे ऐसे ही हो लेता है जैसे गाड़ी के पहिए गाड़ी को खींचने वाले बैल के पीछे-पीछे। इसलिए अपने चित्त को निर्मल बनाये रखना ही धम्म का सार है।

२. मन ही उन सब भलाइयों और बुराइयों का स्रोत है जो हमारे भीतर उत्पन्न होती है और जिन का हमें बाहर से शिकार होना पड़ता है।

३. धाम्मिक धार्मिक-ग्रंथों के पाठ में नहीं है, बल्कि धाम्मिक जीवन बिताने में है।

४. शरीर को स्वस्थ बनाये रखना एक कर्त्तव्य है। अन्यथा तुम अपने मनोबल को दृढ़ बनाये न रख सकोगे और प्रज्ञा रूपी प्रदीप भी प्रज्ज्वलित न रह सकेगा।

५. आदमी दु:खी है, कष्ट में हैं और दरिद्रता का जीवन व्यतीत कर रहे हैं। संसार दु:ख से भरा पड़ा है और धम्म का उद्देश्य इस दु:ख का नाश करना ही है। इसके अतिरिक्त सद्धर्म और कुछ नहीं है।

६. दु:ख के अस्तित्व की स्वीकृति और दु:ख के नाश करने का उपाय यही धम्म की आधारशिला है।

७. पवित्रता के पथ के अनुसार अच्छे जीवन के पाँच मापदण्ड हैं-

(i) प्राणी की हिंसा न करना।

(ii) चोरी न करना अर्थात् दूसरे की चीज को अपनी न बना लेना।

(iii) व्यभिचार न करना।

(iv) असत्य न बोलना।

(v) नशीली चीजों को ग्रहण न करना।

८. हर आदमी के लिये यह परमावश्यक है कि वह इन पाँच शीलों को स्वीकार करे क्योंकि हर आदमी के लिये जीवन का कोई मापदण्ड होना चाहिए, जिससे वह अपनी अच्छाई-बुराई को माप सके।

९. दुनिया में हर जगह पतित लोग होते ही हैं। लेकिन पतित दो तरह के होते हैं; एक तो पतित वे होते है जिनके जीवन का कोई मापदण्ड होता है, दूसरे पतित वे होते हैं जिनके जीवन का कोई मापदण्ड नहीं होता।

१०. आदमी के लिये जीवन-सुधार का कोई मापदण्ड होने और न होने का यही बड़ा अन्तर है। आदमी अपने स्तर से नीचे गिर पड़े यह इतनी बड़ी बात नहीं है जितनी यह कि, आदमी के जीवन का कोई स्तर ही न हो।

११. मन ही एक ऐसा साधन है, जिसके माध्यम से आदमी को प्रकाश की प्राप्ति हो सकती है।

१२. आदमी में एक बल है, एक शक्ति है, वह है संकल्प बल या इच्छा शक्ति। जब आदमी के सम्मुख कोई उपयुक्त आदर्श उपस्थित होता है तो इस इच्छा शक्ति को जागृत और क्रियाशील बनाया जा सकता है।

१३. हम जिस किसी दिशा में भी अपने मन को ले जाना चाहे, हम उसे उस दिशा में ले जा सकते हैं। मन ही है जो हमें जीवन रूपी कारागार का कैदी बनाता है।

१४. मन ने ही जिसे बनाया है मन ही उसे नष्ट भी कर सकता है, मन अपनी कृति को मटियामेट भी कर सकता है। यदि इसने आदमी को बंधन में बाँधा है तो ठीक दिशा में अग्रसर होने पर यही आदमी को बंधन-मुक्त कर सकता है।

१५. सम्यक् दृष्टि का मतलब है कि आदमी ऐसी सब मिथ्या-विश्वास से मुक्त हो, आदमी यह न समझता रहे कि कोई भी बात प्रकृति के नियमों के विरुद्ध घट सकती है।

१६. सम्यक् दृष्टि का मतलब है कि आदमी ऐसी सब मिथ्या-धारणाओं से मुक्त हो जो आदमी के मन की कल्पना-मात्र है और जिनका आदमी के अनुभव या यथार्थता से किसी प्रकार का संबंध नहीं।

१७. हर आदमी की कुछ आशायें होती हैं; आकाँक्षायें होती हैं; महत्वकाँक्षायें होती हैं। सम्यक् का मतलब है कि हमारी आशायें, हमारी आकाँक्षायें ऊँचे स्तर की हों, निम्नस्तर की न हों, हमारे योग्य हों, अयोग्य न हों।

१८. सम्यक् वाणी का मतलब है कि आदमी-

(i) सत्य ही बोले।

(ii) असत्य न बोले।

(iii) आदमी दूसरों की बुराई न करता फिरे।

(iv) आदमी दूसरे के बारे में झूठी बातें न फैलाता फिरे।

(v) आदमी किसी के प्रति गाली गलौच का, कठोर वचनों का व्यवहार न करे।

(vi) आदमी व्यर्थ की, बेमतलब बातें न करता रहे, बल्कि उसकी वाणी बुद्धिसंगत हो, सार्थक हो और साद्देश्य हो।

१९. प्रत्येक व्यक्ति को अपनी जीविका कमानी ही होती है। लेकिन जीविका कमाने के ढंगों में अंतर है। कुछ बुरे हैं, कुछ भले हैं। बुरे ढंग वे हैं जिनसे किसी की हानि होती है अथवा किसी के प्रति अन्याय होता है। अच्छे ढंग वे हैं जिनसे आदमी बिना किसी को हानि पहुँचाए अथवा बिना किसी के साथ अन्याय किये अपनी जीविका कमा सकता है। यही सम्यक्-आजीविका है।

२०. सम्यक् स्मृति का मतलब है हर बात पर ध्यान दे सकना। यह मन की सतत् जागरूकता है। मन में जो अकुशल विचार उठते हैं, उन की चौकीदारी करना सम्यक्-स्मृति का ही दूसरा नाम है।

२१. जो आदमी सम्यक् दृष्टि, सम्यक् संकल्प, सम्यक् वाणी, सम्यक् कर्मान्त, सम्यक् आजीविका, सम्यक् व्यायाम और सम्यक् स्मृति को प्राप्त करना चाहता है, उसके मार्ग में पाँच बाधाएँ या बन्धन आते हैं। ये हैं लोभ, द्वेष, आलस्य, विचिकित्सा तथा अनिश्चय। इन बाधाओं को जो वास्तव में कड़े बंधन ही हैं जीत लेना या तोड़ना आवश्यक है। इन बंधनों से मुक्त होने का उपाय समाधि है।

२२. समाधि का मतलब है केवल चित्त की एकाग्रता। इसमें सन्देह नहीं कि इससे वैसे ध्यानों को प्राप्त किया जा सकता है कि जिनके रहते ये पाँचों संयोजन या बन्धन स्थापित रहते हैं।

२३. सम्यक् समाधि मन को कुशल और हमेशा कुशल ही कुशल सोचने की आदत डाल देती है। सम्यक् समाधि मन को वह अपेक्षित शक्ति देती है, जिससे आदमी कल्याणरत रह सके।

२४. शील के पथिक होने का मतलब है इन सद्‌गुणों का अभ्यास करना

(i) शील (ii) दान (iii) उपेक्षा (iv) नैष्क्रम्य
(v) वीर्य (vi) शान्ति (vii) सत्य (viii) अधिष्ठान
(ix) करुणा (x) मैत्री

२५. अशुभ कर्मों को न करना, शुभ कर्मों का करना और चित्त को काबू में रखना- यही बुद्ध की शिक्षा है।

२६. यदि मनुष्य श्रमण का वेश धारण करे, जंगलों में रहे; पर सांसारिक पदार्थों की इच्छा करे, तो उसे संसारी ही समझना चाहिए।

२७. खेतों का दोष तृण है। इस प्रजा (मनुष्य) का दोष राग, द्वेष, मोह और इच्छा है इसलिए इनसे रहित (व्यक्तियों) को दान देने से महाफल होता है।

२८. धर्म का दान सब दानों में बढ़कर है, धर्म का रस सब रसों में बढ़कर है।

२९. जिस प्रकार विमल चन्द्रमा आकाश में जाते हुए सभी तारागण में प्रभा से अत्यन्त ही सुशोभित होता है, उसी प्रकार श्रद्धावान, शील सम्पन्न मनुष्य संसार के सभी मत्सरियों में अपने त्याग से अत्यन्त ही शोभता है।

३०. संसार में माता की सेवा करना सुखकर है और सुखकर है करना पिता की सेवा। श्रमण भाव संसार में सुखकर है और है मुखकर निर्वाण को प्राप्त कर लेना।

३१. जो माता-पिता तथा जीर्ण, वृद्ध लोगों का सामर्थ्य होते हुए भी भरण पोषण नहीं करता है, वह उसके विनाश का कारण है।

३२. जो मनुष्य माता-पिता का भरण-पोषण करने वाला, कुल के जेठे लोगों की सेवा करने वाला, प्रेमनीय तथा मधुर वचन बोलने वाला, चुगलखोरी से विरत, मात्सर्य और क्रोध से रहित, सत्यवादी है उसे ही देवता 'सत्पुरुष' कहते हैं।

३३. माता-पिता की सेवा, पुत्र, स्त्री का प्रतिपालन तथा शांतिपूर्ण काम करना, ये उत्तम मंगल है।

३४. जब तक पाप का परिपाक नहीं होता, तब तक मूर्ख उसे मधु के समान जानता है किन्तु जब पाप का परिपाक होता है, तब दुःखी होता है।

३५. जो काम करना है आज ही कर, कौन जानता है कि कल मृत्यु को प्राप्त हो जाए, मृत्यु महासेना के साथ हमारा कोई समय निश्चित नहीं हुआ है।

३६. हे मातलि! जो गृहस्थ पुण्य करने वाले, शीलवान तथा धर्म के साथ स्त्री का पालन-पोषण करते हैं, उन जैसे उपासकों को मैं प्रणाम करता हूँ।

३७. चित्त की एकाग्रता को समाधि कहते हैं। ठीक समाधि वह है जिससे मन के विक्षेपों को हटाया जा सके।

३८. तुम जग को जानते हो; संसार की आठ स्थितियों- लाभ-अलाभ, सुख-दुःख, मन-अपमान, स्तुति-निन्दा में समान भाव रखो, क्योंकि वह तुम्हारे विचार के विषय नहीं है।

३९. शील का मतलब है नैतिकता, अकुशल न करने की प्रवृत्ति और कुशल करने की प्रवृत्ति; बुराई करने में लज्जा-भय मानना। लज्जा-भय के कारण पाप से बचे रहने का प्रयास करना शील है। शील का मतलब है पापभीरुता।

४०. नैष्क्रम्य का अर्थ है सांसारिक काम-भोगों का त्याग।

४१. दान का अर्थ है बदले में किसी भी प्रकार की स्वार्थ-पूर्ति की आशा के बिना दूसरों की भलाई के निमित्त अपनी सम्पति का ही नहीं, अपने रक्त, अपने शरीर के अंगों और यहाँ तक कि अपने प्राणों तक का बलिदान कर देना।

४२. वीर्य का अर्थ है सम्यक् प्रयत्न। जो कुछ एक बार करने का निश्चय कर लिया अथवा जो कुछ करने का संकल्प कर लिया उसे अपनी पूरी सामर्थ्य से करने का प्रयास करना और उसे पूरा किये बिना पीछे मुड़कर नहीं देखना।

४३. शांति का मतलब है क्षमा-शीलता। घृणा के उत्तर में घृणा नहीं करना यही इसका सार है क्योंकि घृणा से घृणा कभी मिटती ही नहीं। क्षमा शीलता से ही घृणा का मर्दन होता है।

४४. सत्य का मतलब है मृषावादी न होना। आदमी को कभी झूठ नहीं बोलना चाहिए। उसे सत्य और केवल सत्य ही बोलना चाहिए।

४५. अधिष्ठान का मतलब है अपने उद्‌देश्य तक पहुँचने का दृढ़ निश्चय।

४६. करुणा का मतलब है सभी मानवों के प्रति प्रेमभरी दया।

४७. मैत्री का अर्थ है कि सभी प्राणियों के प्रति भ्रातृ-भावना हो, मित्रों के प्रति ही नहीं; शत्रुओं के प्रति भी आदमियों के प्रति ही नहीं; सभी विश्वशेष प्राणियों के प्रति।

४८. अपेक्षा का अर्थ है अनासक्ति, यह दूसरों के सुख-दुःख के प्रति निरपेक्ष भाव रखने से सर्वथा भिन्न वस्तु है। यह चित्त की वह अवस्था है जिसमें प्रिय-अप्रिय कुछ नहीं है। फल कुछ भी हो- उसकी ओर से निरपेक्ष रहकर साधना में रत रहना।

४९. एक आदमी जीव-हिंसा से विरत होता है, चोरी से विरत होता है, काम मिथ्याचार से विरत होता है। इसे शारीरिक पवित्रता कहते हैं।

५०. एक आदमी झूठ बोलने से विरत होता है। इसे वाणी की पवित्रता कहते हैं।

५१. एक भिक्षु, जब काम छन्द से ग्रस्त रहता है तो वह जानता है कि मुझमें काम छन्द है। यदि वह काम छन्द से ग्रसा नहीं रहता, तो वह जानता है कि मुझ में काम छन्द नहीं है। वह यह भी जानता है कि अनुत्पन्न काम-छन्द की किस तरह उत्पत्ति होती है। वह यह भी जानता है कि उत्पन्न काम छन्द का कैसे अच्छेद होता है और वह यह भी जानता है कि किस तरह भविष्य में काम-छन्द उत्पन्न नहीं होता।

५२. निर्वाण से बढ़कर सुखद कुछ नहीं।

५३. इन्द्रियों की भूख की संतुष्टि उस भूख को बढ़ाने का ही कारण बनती है। इस प्रकार के जीवन में से सुख कभी उत्पन्न नहीं हो सकता। इसके विपरीत इस प्रकार के सुख में से अधिकाधिक दुःख ही उत्पन्न होता है।

५४. आरोग्य से बढ़कर लाभ नहीं, सन्तोष से बढ़कर धन नहीं।

स्वामी महावीर-दर्शन

१. अपने आप को सुखी बनाने के लिए मनुष्य नाना प्रकार की प्रवृत्तियाँ करता है और इससे वह दूसरों को संताप पहुँचाता है जिससे संसार की शांति भंग होती है। अतएवं महावीर का कथन था कि, बुद्धिमान पुरुष अपना निज का दृष्टांत सामने रखकर अपने को प्रतिकूल लगने वाली बातों को दूसरों के विरूद्ध आचरण नहीं करते।

२. संयम का अर्थ है, अपनी इच्छाओं पर अंकुश रखना, अपना सुख त्याग कर दूसरों को सुख पहुँचाना, स्वयं शोषित होना, कष्ट सहन करना, परन्तु दूसरों को कष्ट न होने देना। इसलिए संयम के साथ तप और त्याग की आवश्यकता बताई है।

३. किसी वस्तु की प्राप्ति न होने के कारण उसकी ओर से उपेक्षित हो जाने को त्याग नहीं कहते, सच्चा त्याग वह है कि मनुष्य सुन्दर और प्रिय भोगों को पाकर भी उनकी ओर से पीठ फेर लेता है, उन्हें धता बता देता है।

४. जब तक अपने विरुद्ध कोई बात नहीं सुनी जाती तब तक सब शान्त रहते हैं, परन्तु अपने विरुद्ध वचन सुनने पर भी शांत रहना सच्ची शांति है।

५. प्रमाद आदि को नाश करने के लिए तथा आवश्यक आत्मबल प्राप्त करने के लिए शरीर, इन्द्रिय और मन को वश में रखने का नाम तप है।

६. वास्तव में जो सरल हो, मुमुक्षु हो, और मायारहित हो, उसी को सच्चा मुनि कहा गया है।

७. अपने उद्देश्य तक पहुँचने में कितने ही कष्ट क्यों न आयें, परन्तु तपस्वी जन अपने मार्ग में सदा अटल रहते हैं। कोई उन्हें गाली दे या उनकी स्तुति करे तो भी उसमें वे समभाव धारण करते हैं। कर्तव्य पथ पर डटकर खड़े रहने से ही मनुष्य कठिन और दुस्सह कठिनाईयों पर जय प्राप्त कर सकता है, अन्यथा जहाँ वह जरा ढीला पड़ा कि ऊपर से गिरकर एकदम नीचे पहुँच जाता है।

८. हे श्रमणों! पहले अपने साथ युद्ध करो, पहले आत्मशुद्धि करो, बाहर युद्ध करने से कुछ मिलने वाला नहीं। तप और त्याग का मार्ग शूरों का मार्ग है; यह लोहे के चने चबाने के समान कठोर, बालू का ग्रास भक्षण करने के समान शुष्क, गंगा नदी के प्रवाह के विरुद्ध तैरने के समान कठिन, समुद्र को भुजाओं द्वारा पार कर के समान दुस्तर तथा असिधारा पर चलने के समान भयंकर है। तपस्वीजन इस मार्ग पर एकान्त दृष्टि रखकर, प्रयत्नशील होकर, अपनी समस्त प्रवृत्तियों को संकुचित कर आचरण करते हैं।

९. तप और त्याग का अर्थ है आत्म दमन करना, दूसरों के सुख के लिए कष्ट सहन करना, उनके कष्ट निवारण के लिए अपने सुख को न्योछावर कर देना, उनके हित में अपना हित मानना तथा अपने तप और त्याग द्वारा उनके साथ समचित्त हो जाना।

१०. अहिंसा की प्रतिष्ठा के लिए अधिकाधिक समता की आवश्यकता है। जब तक हम ऊँच-नीच का, छोटे-बड़े का, धनवान-निर्धन का भाव पोषण करते हैं, तब तक हम अहिंसक नहीं कहे जा सकते। समस्त जीव एकसमान है, उनमें ऊँच-नीच की बुद्धि रखकर मनुष्य हिंसक वृत्ति का पोषण करता है।

११. वास्तव में, समता से श्रमण होता है, ब्रह्मचर्य से ब्राह्मण होता है, ज्ञान से मुनि होता है और तप से तपस्वी होता है। सच पूछा जाये तो मनुष्य अपने-अपने कर्मों से ब्राह्मण, क्षत्रिय, वैश्य और शूद्र कहा जाता है, किसी जाति विशेष में उत्पन्न होने से नहीं।

१२. असली यज्ञ है, इन्द्रिय निग्रह। तप उस यज्ञ की अग्नि है, जीव अग्नि स्थान है, मन, वचन और कार्य योग उसकी कड़छी है, शरीर अग्नि को प्रदीप्त करने वाला साधन है, कर्म ईंधन है तथा संयम शांति मंत्र है। जितेन्द्रिय पुरुष धर्म रूपी जलाशय में स्नान कर, ब्रह्मचर्य रूपी शांति तीर्थ में स्नान कर शांति यज्ञ करते हैं, वही वास्तविक यज्ञ है, वही धर्म है।

१३. ऐ सांसारिक मनुष्यों! काम-भोगों से, भोग-विलास से कभी तृप्ति नहीं हो सकती, अतएव अपनी आवश्यकताओं को कम करो, अपनी इच्छाओं पर नियंत्रण रखो, सोना, चाँदी, गाय, बैल, खेत, गाड़ी, घोड़ा, वस्त्र, खानपान, इतर-फुलेल, अलंकार-आभूषण आदि जो तुम्हारे घर अपरिमित मात्रा में भरे पड़े हैं उनका परिमाण कर दूसरों

को आराम पहुँचाओं जिससे अन्य लोग भी इन वस्तुओं का यथायोग्य उपभोग कर सकें।

१४. जल, अग्नि, चोर-डाकू, दुष्कालजन्य आदि संकट उपस्थित होने पर सर्वप्रथम स्त्री की रक्षा करनी चाहिए।

१५. आत्म विकास की सर्वोच्च अवस्था का नाम ईश्वर है। जब मनुष्य राग-द्वेष से विमुक्त हो जाता है-अर्थात् मनुष्य ईश्वर बन सकता है-तो फिर उसे संसार की सृष्टि के प्रपंच में पड़ने से क्या लाभ?

१६. ईश्वर को कर्ता मानने से, उसे सर्वज्ञ स्वीकार करने से हम प्रारब्धवादी बन जाते हैं और किसी वस्तु पर हम स्वतंत्रतापूर्वक विचार नहीं कर सकते।

१७. ऐ मनुष्यों! तुम जो चाहे कर सकते हो, जो चाहे बन सकते हो, अपने भाग्य के विधाता तुम ही हो, पुरुषार्थ पूर्वक, बुद्धि पूर्वक, अंध श्रद्धा को त्यागकर आगे बढ़ चलो, इष्ट सिद्धि अवश्य होगी।

१८. किसी बात में केवल इसलिए विश्वास मत करो कि उसे मैं कहता हूँ या बहुत-से लोग उसे मानते चले आये हैं, इसलिए विश्वास मत करो कि वह तुम्हारे आचार्यों की कही हुयी बात है या तुम्हारे धर्मग्रन्थों में लिखी हुयी है। बल्कि प्रत्येक बात को अपने व्यक्तिगत अनुभव की कसौटी पर जाँचों; यदि तुम्हें वह अपने तथा औरों के लिए हितकर जान पड़े तो उसे मान लो, न जान पड़े तो छोड़ दो।

१९. आत्मदमन करो, अपने आप को पहचानो और स्व-पर-कल्याण करने के लिए तप और त्यागमय जीवन बिताओ। किसी जीव को न सताओ, झूठ मत बोलो-जो एक बार कह दो उसे पूरा करो, चोरी मत करो-आवश्यकता से अधिक वस्तु पर अपना अधिकार मत रखो, पर-स्त्री को माँ-बहन समझो, तथा सम्पत्ति का यथायोग्य बँटवारा होने के लिए धन को बटोर कर मत रखो।

२०. कर्मफल के कारण, सांसारिक वासनाओं के कारण मनुष्य का विकास नहीं हो पाता, प्रमाद के कारण वासनाओं के संस्कार आ-आकर जमा होते जाते हैं, उनका रोकना आवश्यक है जो विवेक से ही संभव है। जब मनुष्य को यह विवेक हो जाता है, उसे स्व और पर का ज्ञान हो जाता है और वह कल्याण का साक्षात कर कल्याण पथ का पथिक बनता है, यही महावीर के सप्त तत्वों का रहस्य है।

२१. वास्तव में, कल्याण मार्ग को भले प्रकार समझ लेना ही केवलित्व या सर्वज्ञत्व है, यहीं आत्मज्ञान की प्रकर्षता है और इसी को तत्व ज्ञान कहते हैं।

२२. दूसरों को कष्ट मत दो, दूसरों के दुःख में अपना दुःख समझो, इसी में सबका कल्याण है, इसी में मोक्ष है, उसके लिए न ईश्वर की आवश्यकता है, न किसी बाह्य आडम्बर की आवश्यकता है, आवश्यकता है आत्म-शुद्धि की, जो तुम्हारे हाथ में है, अतएव अपने आप को पहचानो और अपने आचरण द्वारा दूसरों का कल्याण करो।

२३. राग-द्वेष जन्य संस्कारों के वशीभूत न होकर दूसरे के दृष्टि बिन्दु को ठीक-ठीक समझने का नाम अनेकान्त है इससे मनुष्य में तथ्य को हृदयंगम करने की वृत्ति का उदय होता है जिससे सत्य के समझने में सुगमता होती है। अनेकांतवाद के अनुसार किसी भी मत या सिद्धान्त को पूर्णरूप से सत्य नही मान सकते। प्रत्येक मत अपनी-अपनी परिस्थितियों और समस्याओं को लेकर उद्भूत हुआ है।

२४. समस्त जीवों को अपना-अपना जीवन प्रिय है, सुख प्रिय है वे दुःख नहीं चाहते, वध नहीं चाहते, सब जीने की इच्छा करते हैं अतएव सब जीवों की रक्षा करनी चाहिए।

२५. सब जीव जीना चाहते हैं, कोई भी मरना नहीं चाहता, अतएव निर्ग्रन्थ मुनि भयंकर प्राणिवध का परित्याग करते हैं।

२६. अपने लिए अथवा दूसरों के लिए, क्रोध से अथवा भय से, दूसरे को पीड़ा पहुँचाने वाला असत्य वचन न स्वयं बोलना चाहिए और न दूसरों से बुलवाना चाहिए।

२७. संरक्षक ज्ञातृपुत्र महावीर ने वस्त्र आदि पदार्थों को परिग्रह नहीं कहा है, वास्तविक परिग्रह है मूर्च्छा-आसक्ति, यह महर्षि का वचन है।

२८. जो मनुष्य सुन्दर और प्रिय भोगों को पाकर भी उनकी ओर से पीठ फेर लेता है, सामने आये हुए भोगों का परित्याग कर देता है, वही त्यागी कहलाता है। वस्त्र, गंध, अलंकार, स्त्री, श्यन आदि वस्तुओं का जो परवशता के कारण उपभोग नहीं करता, उसे त्यागी नहीं कहते।

२९. प्रमादी पुरुष धन द्वारा न इस लोक में अपनी रक्षा कर सकता है, न परलोक में। फिर भी धन के असीम मोह से, जैसे दीपक के बुझ जाने पर मनुष्य मार्ग को ठीक-ठाक नहीं देख सकता, इसी प्रकार प्रमादी पुरुष न्याय-मार्ग को देखते हुए भी नहीं देखता।

३०. शान्ति से क्रोध को जीतें, नम्रता से अभिमान को जीतें, सरलता से माया को जीतें, और सन्तोष से लोभ को जीतें।

३०. सर्वप्रथम अपने आप का दमन करना चाहिए, यही सब से कठिन काम है; अपने आप को दमन करने वाला इस लोक में तथा परलोक में सुखी होता है।

३२. जैसे सधा हुआ कवचधारी घोड़ा युद्ध में विजय प्राप्त करता है, इसी प्रकार मुनि दीर्घ काल तक अप्रमत्तरूप से संयम का पालन करता हुआ शीघ्र ही मोक्ष पाता है।

३३. एक बार विपुल धनराशि तथा मित्र-बान्धवों का त्यागकर फिर उन की ओर मुँह मोड़कर मत देख। हे गौतम! क्षणमात्र भी प्रमाद न कर।

३४. विवेक कुछ झटपट नहीं प्राप्त किया जाता, उस के लिये कठोर साधना की आवश्यकता है। अतएव महर्षि जन आलस्य त्यागकर काम भोगों का परित्याग कर, संसार का ठीक-ठाक स्वरूप समझकर आत्मा की रक्षा करते हुए अप्रमादपूर्वक आचरण करते हैं।

३५. मैंने सुना है, अनुभव किया है कि बन्धन से मुक्त होना यह अपने हाथ में है, अतएव हे परम चक्षुमान्, पुरूष! ज्ञानी पुरूषों से ज्ञान प्राप्त करके, तू पराक्रम कर इसी का नाम ब्रह्मचर्य है, यह मैं कहता हूँ।

३६. मृगचर्म धारण करना, नग्न रहना, जटा बढ़ा लेना, संघाटिका पहनना और मुंडन करा लेना ये सब बातें दु:शील भिक्षु की रक्षा नहीं करते।

३७. यदि अज्ञानी पुरूष महीने-महीने का तप करे और कुशा की नोक से भोजन करे, तो भी वह सत्पुरुषों के बताये हुए धर्म के सोलहवें हिस्से को भी नहीं पहुँच सकता।

३८. सिर मुंडा लेने से कोई श्रमण नही होता, 'ओम' का जाप करने से कोई ब्राह्मण नहीं होता, जंगल में वास करने से कोई मुनि नहीं कहलाता, और कुशा के बने वस्त्र पहनने से कोई तपस्वी नहीं होता। समता से श्रमण होता है, ब्रह्मचर्य से ब्राह्मण होता है, ज्ञान से मुनि होता है, तथा तप से तपस्वी होता है। मनुष्य अपने कर्म से ब्राह्मण होता है, कर्म से क्षत्रिय होता है, कर्म से वैश्य होता है और कर्म से शुद्र होता है।

३९. भले ही कोई नग्न रहे या महीने-महीने में भोजन करें, परन्तु यदि वह मायायुक्त है तो उसे बार-बार जन्म लेना पड़ेगा।

४०. महान कुल में उत्पन्न होकर संन्यास ले लेने से तप नहीं हो जाता; असली तप वह है जिसे दूसरा कोई जानता नहीं तथा जो कीर्ति की इच्छा से किया नहीं जाता।

४१. जो जाति का अभिमान नहीं करता, रूप का अभिमान नहीं करता, लाभ का अभिमान नहीं करता, जो ज्ञान का अभिमान नहीं करता; जिस ने सब प्रकार के मद छोड़ दिये हैं और जो धर्मध्यान में रत है, वही भिक्षु है।

आचार्य चाणक्य-दर्शन

१. किसी भी राज्य के शासक का शारीरिक रूप से ठीक होना बेहद जरूरी है क्योंकि अगर राजा स्वस्थ होगा तभी वह अपनी प्रजा का अच्छे से ध्यान रख सकेगा।

२. एक राज्य के शासक को हमेशा अपने प्रजा के हितों का ध्यान रखना चाहिए और उसके लिये लड़ना चाहिए।

३. एक राज्य के शासक को काम, क्रोध लोभ, मोह और माया से दूर रहना चाहिए।

४. राज्य के शासक को निडर, राज्य का रक्षक और बलवान होना चाहिए।

५. राजा, राज्य का प्रथम नागरिक होता है और उसको कुलीन, बुद्धिमान, बलवान और युद्ध-कला में आगे होना चाहिए, ताकि एक अच्छे राज्य का निर्माण हो सके और राज्य की प्रजा का विकास हो सके।

६. जैसे जांघ पर पैर के बिना मानव शरीर की सरंचना बेकार है वैसे ही जनपद के बिना राज्य का निर्माण अधूरा है इसलिए एक शासक को राज्य के जनपद के विकास पर उचित ध्यान देना चाहिए। एक

जनपद की स्थापना ऐसी होनी चाहिए, जहाँ यथेष्ठ अन्न की पैदावार हो और मेहनती किसान हों जिससे अच्छी फसल की पैदावार हो और अच्छे और शुद्ध स्वभाव वाले लोग हों।

७. धर्म, अर्थ और काम इन तीनों में से अर्थ सबसे ज्यादा महत्त्वपूर्ण है या यूं कहा जाए कि अर्थ दोनों का आधार स्तंभ है।"

८. ऋण, शत्रु और रोग को कभी छोटा नहीं समझना चाहिए और हो सके तो इन्हें हमेशा समाप्त ही रखना चाहिए।

९. आलसी मनुष्य का न तो वर्तमान का पता होता है न भविष्य का ठिकाना। भाग्य भी उन्हीं का साथ देता है जो कठिन से कठिन स्थितियों में भी अपने लक्ष्य के प्रति अडिग रहते है।

१०. नसीब के सहारे चलना अपने पैरों पर कुल्हाड़ी मारने के बराबर है और ऐसे लोगों को बर्बाद होने में वक्त भी नहीं लगता है।

११. जो मेहनती हैं वे कभी गरीब नहीं हो सकते हैं और जो लोग भगवान को हमेशा याद रखते हैं उनसे कोई पाप नहीं हो सकता है क्योंकि दिमाग से जागा हुआ व्यक्ति हमेशा निडर होता है।

१२. अच्छे आचरण से दुःखों से मुक्ति मिलती है। हमेशा विवेक से अज्ञानता को मिटाया जा सकता है और जानकारी से भय को दूर किया जा सकता है।

१३. संकट के समय हमेशा बुद्धि की ही परीक्षा होती है और बुद्धि ही हमारे काम आती है।

१४. अन्न के अलावा किसी भी धन का कोई मोल नहीं है और भूख से बड़ा कोई शत्रु भी नहीं है।

१५. विद्या ही निर्धन का धन होता है और यह ऐसा धन है जिसे कभी चुराया नहीं जा सकता है और इसे बाँटने पर हमेशा बढ़ता ही है।

१६. फूलों की सुगंध हवा से केवल उसी दिशा में महकती है जिस दिशा में हवा चल रही होती है, जबकि इन्सान के अच्छे गुणों की महक चारों दिशाओं में फैलती है।

१७. उस स्थान पर एक पल भी नहीं ठहरना चाहिए जहाँ आपकी इज्जत न हो, जहाँ आप अपनी जीविका नहीं चला सकते हैं, जहाँ आपका कोई दोस्त नहीं हो और ऐसी जगह जहाँ ज्ञान की तनिक भी बातें न हों।

१८. रूप और यौवन से सम्पन्न तथा कुलीन परिवार में जन्म लेने पर भी विद्याहीन पुरुष पलाश के फूल के समान है जो सुन्दर तो है किन्तु सुगन्ध रहित है।

१९. शक्तिशाली लोगों के लिए कौन सा कार्य कठिन है? व्यापारियों के लिए कौन सी जगह दूर है, विद्वानों के लिए कोई देश विदेश नहीं है, मधु भाषियों का कोई शत्रु नहीं है।

२०. जो निश्चित वस्तुओं को छोड़कर अनिश्चित की सेवा करता है उसकी निश्चित वस्तुओं का नाश हो जाता है अनिश्चित तो नष्ट ही है।

२१. विद्या में कामधेनु के समान गुण है इस कारण कि अकाल में भी फल देती है। यह विदेश में माता के समान है। विद्या को गुप्त धन कहते हैं।

२२. घिसना, काटना, तपाना, पीटना इन चार प्रकारों से जैसे सोने की परीक्षा की जाती है वैसे ही दान, शील, गुण और आचार इन चारों प्रकार से पुरुष की भी परीक्षा की जाती है।

२३. आलस्य से विद्या नष्ट हो जाती है, दूसरे के हाथ में जाने से धन निरर्थक हो जाता है, बीज की न्यूनता से खेत हत हो जाता है, सेनापति के बिना सेना नष्ट हो जाती है।

२४. वेद की पांडित्य को व्यर्थ प्रकाश करने वाला, शास्त्र और उसके आचार के विषय में व्यर्थ विवाद करने वाला, शांत पुरुषों को अन्यथा कहने वाला, ये लोग व्यर्थ ही क्लेश उठाते हैं।

२५. दान दरिद्रता का नाश करता है, सुशीलता दुर्गति का, बुद्धि अज्ञान का तथा भक्ति भय का नाश करती है।

२६. समुद्र में वर्षा वृथा है और भोजन से तृप्त को भोजन निरर्थक है, धनी को धन देना व्यर्थ है और दिन में दीप व्यर्थ है।

२७. मेघ के जल के समान दूसरा जल नहीं, अपने बल के समान दूसरे का बल नहीं इस कारण कि यह समय पर काम आता है। नेत्र के तुल्य दूसरा प्रकाश करने वाला नहीं है और अन्न के सदृश दूसरा प्रिय पदार्थ नहीं है।

२८. सत्य से पृथ्वी स्थिर है और सत्य ही से सूर्य तपता है, सत्य से ही वायु बहती है, सब कुछ सत्य ही से स्थिर है।

२९. लक्ष्मी नित्य नहीं है, प्राण, जीवन और घर ये सब स्थिर नहीं है, निश्चय है कि इस चराचर संसार में केवल धर्म ही निश्चल है।

३०. राजा की भार्या, गुरू की स्त्री, वैसे ही मित्र की पत्नी, सास और अपनी जननी, इन पाँचों को माता कहते हैं।

३१. जीव आप ही कर्म करता है और उसका फल भी आप ही भोगता है, आप ही संसार में भ्रमता है और आप ही इससे मुक्त भी होता है।

३२. लोभी को धन से, अहंकारी को हाथ जोड़ने से, मूर्ख को उसके अनुसार बरतने से और पण्डित को सच्चाई से वश में करना चाहिए।

३३. अन्न और धन के व्यापार में, विद्या के संग्रह करने में, आहार और व्यवहार में जो पुरुष लज्जा को दूर रखेगा वह सुखी होगा।

३४. संतोष रूपी अमृत से जो लोग तृप्त होते हैं उनको जो शांति सुख होता है वह धन के लोभ से जो इधर-उधर दौड़ा करते हैं उनको नहीं होता।

३५. फूल में गन्ध, तिल में तेल, काष्ठ में आग, दूध में घी, ऊख में गुड़, जैसे वैसे ही देह में आत्मा को विचार से देखो।

३६. अधम धन ही चाहते हैं, मध्यम धन और मान; परन्तु उत्तम जन मान ही चाहते हैं। कारण, महात्माओं का धन मान ही है।

३७. दीपक अन्धकार को खा जाता है और काजल को पैदा करता है। सत्य है, जो जैसा अन्न सदा खाता है, उसके वैसी ही सन्तति होती है।

३८. न शान्ति के समान दूसरा तप है, न सन्तोष से परे सुख। न तृष्णा से अधिक दूसरी व्याधि है और न दया से अधिक धर्म।

३९. गुण रूप को भूषित करता है, शील कुल को अलंकृत करता है, सिद्धि विद्या को भूषित करती है और भोग धन को भूषित करता है।

४०. संसार में विद्वान ही प्रशंसित होता है, विद्वान ही सब स्थान में आदर पाता है, विद्या ही से सब कुछ मिलता है, विद्या ही सब स्थानों में पूजित होती है।

४१. जिन लोगों के पास न विद्या है, न तप है, न दान है, न शील है, न गुण है और न धर्म, वे संसार में पृथ्वी पर भार रूप होकर मनुष्य रूप में पशु फिर रहे हैं।

४२. साधुओं का दर्शन ही पुण्य है, इस कारण कि साधु तीर्थ रूप हैं। तीर्थ समय से फल देता है, परन्तु साधुओं का संग शीघ्र ही मनोरथ पूर्ण कर देता है।

४३. दूसरों की स्त्री को माता के समान, दूसरे के द्रव्य को ढेले के समान और सब प्राणियों को अपने समान जो देखता है, वही देवता है।

४४. उत्तम कर्म से मनुष्यों का मुहूर्त्त भर का जीना भी श्रेष्ठ है, पर दोनों लोकों के विरोधी दुष्ट कर्म से कल्प भर का भी जीना उत्तम नहीं।

४५. बीते का शोक नहीं करना चाहिए। भावी की चिन्ता समझदार लोग नहीं करते। किन्तु वर्तमान काल के अनुसार प्रवृत होते हैं।

४६. जो व्यक्ति श्रेष्ठ होता है वो सबको ही अपने समान मानता है।

४७. शिक्षा ही हमारा सबसे परम मित्र है शिक्षित व्यक्ति हर जगह सम्मान पाता है।

४८. दूसरे व्यक्ति के धन का लालच करना नाश का कारण बनता है।

४९. व्यक्ति हमेशा अपने गुणों से ऊँचा होता है ऊँचे स्थान पर बैठने से कोई व्यक्ति ऊँचा नहीं हो जाता है।

५०. हमेशा खुश रहना दुश्मनों के दु:खों का कारण बनता है और खुद का खुश रहना उनके लिए सबसे बड़ी सजा है।

५१. अपने गहरे राज किसी से प्रकट नहीं करना चाहिए क्यूँकि वक्त आने पर हमारे यही राज वे दूसरे के सामने खोल सकते है।

५२. एक पिता के रूप में बच्चों को हमेशा अच्छे और बुरे की सीख जरुरी देनी चाहिए क्यूँकि हर तरह से समझदार व्यक्ति ही समाज में सम्मानित होता है।

५३. काम, क्रोध, लोभ, स्वाद, श्रृंगार (रति) कौतिक (मनोरंजन), अतिनिद्रा एवं अतिसेवा-विद्या की अभिलाषा रखने वाले को इन आठ बातों का त्याग कर देना चाहिए।

५४. पुस्तकों में लिखी विद्या और दूसरों के पास जमा किया गया धन कभी समय पर काम नहीं आते। ऐसी विद्या या धन को न होने के बराबर ही समझना चाहिए।

५५. आलसी व्यक्ति या छात्र का न तो वर्तमान होता है और न भविष्य।

५६. इस बात को बाहर मत आने दीजिये कि आपने क्या करने के लिए सोचा है, इसे रहस्य ही बनाये रखना अच्छा है और इस काम को करने के लिए दृढ़ रहिये जब तक कार्य सफल नहीं हो जाता।

५७. कभी भी उनसे मित्रता नहीं कीजिए जो आपसे कम या ज्यादा प्रतिष्ठा के हों। ऐसी मित्रता कभी आपको प्रसन्नता नहीं देगी।

५८. जल के एक-एक बूँद के गिरने से धीरे-धीरे घड़ा भर जाता है। इसी प्रकार सभी विद्या धर्म और धन-संचय धीरे-धीरे ही होता है।

५९. जब आप किसी काम की शुरुआत करते हैं तो असफलता से मत डरें और उस काम को ना छोड़ें, जो लोग ईमानदारी से काम करते हैं वो सबसे प्रसन्न होते हैं और उन्हीं की उन्नति होती है।

५२. सुख की अभिलाषा रखने वालों को विद्या प्राप्ति की आशा का त्याग कर देना चाहिए, विद्यार्थी को सुख की आशा का त्याग कर देना चाहिए। सुखार्थी के पास विद्या कहाँ, विद्यार्थी को सुख कहाँ?

५३. विद्वान की प्रशंसा सभी लोगों में होती है। वह सर्वत्र पूजा जाता है। विद्या से सभी प्रकार का लाभ प्राप्त होता है, विद्या की पूजा सर्वत्र होती है। इसीलिए अधिक से अधिक ज्ञान अर्जन कीजिये।

५४. ऐसी गाय से क्या लाभ, जो न गर्भिणी होती है, न दूध देती हो। ऐसे पुत्र का क्या लाभ, जो न विद्या से युक्त हो, न जिसमें ईश्वर भक्ति हो।

५५. प्रवासकाल में विद्या मित्र होती है, घर में पत्नी मित्र होती है, रोगी के लिए औषधि मित्र होती है और मृत्यु के बाद धर्म ही मित्र होता है।

५६. 'धन से हीन होने पर कोई हीन नहीं हो जाता। वह निश्चय ही धनी है, यदि उसके पास विद्या है। जिसके पास विद्यारूपी रत्न नहीं है, वह प्रत्येक वस्तु से हीन है। उसका धन भी निरर्थक ही है।'

५७. पुस्तकों के पढ़ने से विद्या नहीं आती, वह गुरू के सान्निध्य से प्राप्त होती है। केवल पुस्तकों के ज्ञान को प्राप्त करने वाला विद्वान सभा में उसी प्रकार अप्रतिष्ठित होता है, जिस प्रकार कोई दुराचारिणी स्त्री गर्भधारण करने पर भी समाज में सम्मानित नहीं होती।

श्री गुरू नानकदेव-दर्शन

१. सेवा से साधना सुपात्र की होनी चाहिए। कुपात्र सेवा के योग्य नहीं है। मनुष्य को यदि अन्तरतम का प्रकाश प्राप्त हो जाये तो बाहर जाने की आवश्यकता ही नहीं रहती।

२. प्रभु का नाम सुमिरन करना, उसके नाम का जाप करना तथा निर्मल कर्म करना ही श्रेष्ठ धर्म है। निर्मल कार्यों में अपने आचरण को ऊँचा व निर्मल रखना, निर्भय तथा निरवैर होना, न किसी को डराना और न ही अत्याचार के समक्ष झुकना, समूह मानव जाति की, बिना देश, धर्म, जाति, लिंग, रंग के भेद भाव से सेवा करना- आदि सब कुछ आ जाता है।

३. मनुष्य के लिये सबसे बड़ा प्रश्न यही है कि उसके जीवन का मनोरथ क्या है, वह संसार में क्यों आया है? नास्तिक तथा यथार्थवादी मत तो मनुष्य को 'खाओ, पीओ और आनंद' का उपदेश देते हैं, परंतु धर्म तथा विशेष रूप से गुरू नानक का धर्म, यह चाहता है कि मनुष्य ऊँचे तथा निर्मल किरदार का धारणी बनकर शुभ गुणों को अपनाकर दुःख सुख

से निर्लिप्त रहने की अवस्था को प्राप्त करे और विकार रहित जीवन व्यतीत करते हुए सारे संसार के भले के लिए तत्पर रहे।

४. मानव जीवन को सकार्य करने के लिए प्रभु के नाम का जाप करना, उसकी स्तुति करना, गुण गायन करना मनुष्य का परमावश्यक कर्त्तव्य बन जाता है।

५. अकालपुरख के नाम का सुमिरन अथवा उसकी स्तुति करने से मनुष्य के मन से विकारों तथा पापों का मैल उतर जाता है, दुःख कलेशों का नाश होता है और सुख की प्राप्ति होती है।

६. अकालपुरख के नाम का जाप करने वाले मनुष्यों की अवस्था इतनी ऊँची हो जाती है कि उसका वर्णन नहीं किया जा सकता। उसकी 'सुरति' ऊँची हो जाती है, मन में जागृति आ जाती है, वह विकारों की चोटें नहीं खाती, मनुष्य जन्म मरण के भँवर से बच जाता है, वह मुक्ति प्राप्त कर लेता है और प्रभु-प्रीतम में अभेद हो जाता है।

७. जो मनुष्य अपने जीवन में प्रभु की स्तुति करते हैं, उसकी याद को हमेशा अपने मन में टिकाये रखते हैं तथा नाम-मार्ग पर चलकर सच्चा तथा निर्मल, सबके भले वाला जीवन व्यतीत करते हैं, वे यहाँ से अपना जीवन सफल करके जाते हैं और प्रभु की दृष्टि में स्वीकार्य होते हैं।

८. अकालपुरख एक है, उसका नाम अस्तित्व वाला है (भाव-उसका अस्तित्व हर समय है), वह सम्पूर्ण सृष्टि का रचनाकार है, सभी में व्यापक है, भय रहित है, वैर रहित है, उसका स्वरूप काल से परे है, वह योनियों में नहीं आता, जन्म नहीं लेता, उसका प्रकाश अपने आप से ही हुआ है।

९. अकालपुरख की प्राप्ति गुरू की कृपा द्वारा होती है। प्रभु की प्राप्ति गुरू की शरण में आये बिना नहीं हो सकती।

१०. प्रभु की प्राप्ति केवल गुरू के दर्शन से ही नहीं हो जाती, बल्कि गुरू की शिक्षा पर चलने से होती है। सतगुरू अपनी शिक्षा रूपी 'शब्द' के द्वारा खोटे, निकम्मे, निर्बुद्ध लोगों को निर्मल तथा उत्तम गुणों का धारणी बना देते हैं।

११. प्रभु प्राप्ति की राह गुरू से मालूम होती है। इस राह के यात्री का मुख्य कर्त्तव्य अपने मन में सुमिरन के द्वारा प्रभु से प्यार पैदा करना है और ऐसा जीवन व्यतीत करना है, जिससे मन तथा आत्मा, पापों तथा विकारों को त्यागकर निर्मल हो जाए। ऐसे कार्य करने हैं जिनसे प्रभु प्रसन्न होता है। यह सारी जीवन पद्धति गुरु-शब्द के विचार से प्राप्त होती है।

१२. सारे प्राणी प्रभु की संतान होने के कारण आपस में भाई-भाई हैं। मनुष्य जाति को देश, नस्ल, रंग, भाषा आजीविका के लिए अपनाये गये करोबार के अनुसार नहीं बाँटा जा सकता है।

१३. मनुष्य का आचरण सत्य पर आधारित हो। कोई किसी का हक न मारे, अदालतें न्याय करे। न्यायाधीश भी पैसे लेकर अपने निर्णय न बदलें और निर्दोषों को दोषी न ठहराएं।

१४. स्त्री, पुरुष जीवन की गाड़ी के दो पहिए हैं। दोनों में एक दूसरे के लिए दुःख सहन करने तथा कुर्बानी करने का माद्धा होना चाहिए।

१५. भक्तों, शूरबीरों, राजा-महाराजाओं की जननी होने के नाते स्त्री-पुरुष के समान सम्मान की पात्र है। स्त्री को धर्म-कर्म की पूर्ण स्वतंत्रता है।

१६. ऐसे समाज का सृजन होना चाहिए जिसमें न तो कुछ लोगों के पास बहुत धन ही हो और न ही लोग धन की कमी के कारण पशुओं की भाँति जीवन व्यतीत करें और सारी उम्र, रोटी, कपड़ा और मकान की प्राप्ति के चक्करों में ही जीवन नष्ट कर लें।

१७. धन एकत्र करने में ही जीवन व्यर्थ न गंवाओ। अधिक धन तो झूठ बोलकर, हेराफेरियाँ करके तथा दूसरों का हक मारकर ही एकत्र किया जा सकता है। जिस धन के एकत्र करने में इतने पाप करने पड़ते हैं, वह धन मृत्यु के समय व्यक्ति के साथ नहीं जाता है।

१८. दुनिया में बहुत से लोग दूसरों का अधिकार छीन कर धनवान बनते हैं। परंतु दूसरों का अधिकार छीनने वाला मनुष्य धर्मात्मा नहीं हो सकता।

१९. समाज में लूट-मार नहीं होनी चाहिए, न ही कमजोर लोगों का हक मारा जाना चाहिए। वही समाज खुशियों व आनन्द से परिपूर्ण हो सकता है जिसमें न तो कुछ ही लोग बहुत अमीर हों और न हीं उसमें निर्धनता का बोल-बाला हो।

२०. साधु संगत एक ऐसा स्थान है जहाँ धर्म की शिक्षाओं को व्यवहारिक रूप देने की प्रेरणा मिलती है। सत-संगियों के दु:ख-सुख साझा होते हैं; जरूरतमंदों की आवश्यकताओं की पूर्ति की जाती है और धर्म को युगों-युगाँतरों तक जीवित रखने की योजनाएँ बनाई जाती हैं।

२१. संगत में ही मनुष्य में सेवा की भावना उत्पन्न करके, उसे सेवा का क्रियात्मक प्रशिक्षण दिया जाता था।

२२. संगत एक सुव्यवस्थित तथा जीवन के ऊँचे मूल्यों वाले समाज की निर्माता है और इन ऊँचे मूल्यों की रक्षक है।

२३. अच्छा राजा या उत्तम प्रकार की राज्य प्रणाली वहीं हो सकती है जो प्रजा की भलाई तथा सुख-सुविधा का ख्याल रखे।

२४. प्रत्येक प्रकार का श्रम पवित्र है, यदि वह कर्त्तव्य की दृष्टि से और सेवा भावना से किया जाए।

२५. मनुष्य का मूल्य उसकी जाति से नहीं, उसके आध्यात्मिक दृष्टिकोण से आँको क्योंकि परलोक में जातिभेद है ही नहीं। न तो जन्म से? न जाति से, न लिंग भेद से और न भाषा से, बल्कि गुणों और कार्यों से मनुष्य का समाज में स्थान आँका जाता है।

२६. जैसे कमल जल से निर्लिप्त रहता है, अथवा जैसे बतख धारा में निश्चिन्त तैरती रहती है, वैसे ही मनुष्य सतनाम के उच्चारण से और मन में ईश्वर की प्रतिष्ठा करने से संसार सागर को पार कर लेता है।

२७. आत्मा मरती नहीं, न ही तैरती या डूबती है। अपने अतीत के संस्कारों से प्रभावित वह निजी सामर्थ्यानुसार कर्म करती तथा ईश्वरेच्छा से (संसार में) आती और जाती है। यहाँ जगत में तथा इसके उपरांत जगतेत्तर स्थितियों में उसकी इच्छा ही सर्वोपरि है।

२८. जो महत् अनुभव तुम्हें सत्य में स्थिर कर सके, अनिर्वचनीय की चर्चा करवाए तथा 'शब्द' के माध्यम से तुम्हें परमात्मा में लीन करवा सके, उसे गुरू स्वीकार करो।

२९. गुरू उपकारक है, पूर्ण शान्ति उसमें निहित है। वह त्रैलोक्य में उजाला करने वाला प्रकाश पुंज है।

३०. सच्चे गुरू से साक्षात् होने पर व्यक्ति सत्यानुशासित जीवन अपनाता है। गुरू रूपी सोपान पर चढ़ते हुए मनुष्य ऊँचे से ऊँचा उठता है परन्तु गुरू की उपलब्धि मात्र उसकी (प्रभु की) कृपा से ही सम्भव है, और उसके मिलन से मृत्यु भय विनिष्ट हो जाता है।

३१. जो ब्रह्म को पहचाने, उसके लिए जप, तप एवं संयम का अभ्यास करे तथा संतोष और सद्भाव पर दृढ़ आचरण करे, वही ब्राह्मण है। वह सब बंधनों को भंग करता तथा मुक्ति लाभ करता है। ऐसा ब्राह्मण पूजने योग्य है।

३२. धर्म का दर्शन योगी के वस्त्रों; उसके तिलक, उसके शरीर पर पुती भस्म, उसके कान के कुण्डलों, उसके खल्वाट सिर या शंख के स्वर में नहीं होगा। यदि आप सच्चे धर्म के दर्शन करना चाहते हैं तो संसार की कलुषता के बीच रहकर भी उससे दूर रहिए।

३३. भगवान की न तो स्थापना की जा सकती है और न ही उसका निर्माण हो सकता है। वह स्वयंभु और निरंजन है।

३४. जो आत्मा को पहचान लेता है, वह ईश्वर के दर्शन पा लेता है।

३५. जो निर्बाध ध्यान के द्वारा उस सर्वशक्तिमान में रत है, वही उस अगम्य और अनन्त ईश्वर को प्राप्त कर सकता है।

३६. ईश्वर प्रत्येक के मन में छिपा हुआ है। उसका प्रकाश सर्वत्र है। उसके दुर्भेद्य कपाट उसी व्यक्ति के लिये खुलते हैं, जो गुरूवाणी के जरिए उस परम पिता का ध्यान करता है।

३७. जब मन पाप से दूषित हो जाता है तो वह सतनाम के प्रेम से ही शुद्ध होता है। सतनाम ही जीवन का अमृत है जो सच्चा और स्थायी जीवन प्रदान करता है; और इसके बिना जीवन निरर्थक है।

३८. मनुष्य सुख की इच्छा करता है किन्तु उसे घोर दुःख प्राप्त होता है और इस चक्कर में वह पापों की माला गूँथता जाता है। ईश्वर के बिना सब झूठा है, उसके बिना मुक्ति नहीं।

३९. जिसके हृदय में ईश्वर का वास है उसका मन कभी विचलित नहीं होता। वह रात-दिन ईश्वर की छत्र-छाया में निवास करता है।

४०. जो जीविकोपार्जन के लिये कार्य करते हैं और उसमें से परोपकार में भी खर्च करते हैं, वे ही सत्पथ के ज्ञाता हैं।

४१. हम तीर्थों पर जाकर निवास करें, अथवा मौन साधना या जप, तप, संयम, सद्भावना तथा अन्य उत्तम कर्मों का अभ्यास करें, परन्तु परमसत्य से (प्रेम के) अभाव में ये सब व्यर्थ हैं।

४२. केवल वही (आत्मा) शान्ति लाभ करती है, जो सद्‌गुणों से युक्त है। जो अपने दुर्गणों का त्याग कर स्वयं को उसमें (प्रभु में) लीन कर लेती है, वही गुरू की परम शिष्य है।

४३. जन्मगत जाति व्यर्थ है, इससे तुम सत्य के जानकारों का नैकट्य प्राप्त नहीं कर सकते। मनुष्य की जाति अथवा मत उसके कृत्यों द्वारा निश्चित होता है।

४४. सत्य का चिंतन करने से ज्योति का उदय होता है, तब ऐन्द्रिय सुख के बीच भी मनुष्य विरक्त बना रह सकता है। गुरू की यही महिमा है कि उसकी शरण में आया जीव स्त्री-पुत्रों संग रहता हुआ भी मोक्ष लाभ करता है।

४५. गुरू का 'शब्द', गुरू की वाणी अथवा गुरू का ज्ञान ही प्रभु प्राप्ति का एकमात्र साधन है, इसलिए गुरू का 'शब्द' ही 'गुरू' होता है। गुरू के शब्द के अतिरिक्त संसार के लोग भटके हुए भ्रमित रहते हैं; खराब होते हैं, परन्तु 'शब्द' के संग जुड़ कर संसार सागर से पार हो जाते हैं, अपना जीवन सफल कर लेते हैं।

४६. ईश्वर के सगुण स्वरूप को गुरू जी ने बिल्कुल नवीन अर्थों में प्रचारित किया है। गुरू जी के अनुसार सारी सृष्टि ही 'निर्गुण ब्रह्म' का सगुण स्वरूप है। सभी जीव जन्तु उसी का रूप ही तो है। धनासरी राग के एक शब्द में प्रभु के निर्गुण तथा सगुण स्वरूप को बहुत अच्छी तरह प्रस्तुत किया गया है। अकालपुरख जन्म नहीं लेता- इसलिए उसका शरीर नहीं है- मुँह, हाथ, पैर, नाक, कान आदि नहीं हैं। यह उसक निर्गुण स्वरूप है। परन्तु सभी जीवों में अकाल-पुरख की ज्योति (आत्मा) निवास करती है, इसलिए सभी जीवों के शरीर मूल रूप में प्रभु के शरीर ही है। यह प्रभु का सगुण स्वरूप है।

४७. सच्चा सुख या शांति प्रभु के साथ जुड़ने से ही प्राप्त हो सकती है और प्रभु के साथ एकमेव होकर ही मनुष्य आदर्श व सफल जीवन व्यतीत कर सकता है। पर संसार में यह बात बड़े अचंभे वाली है कि अधिकतर पुरुष तथा स्त्रियाँ प्रभु से टूटे हुए हैं और कई तो प्रभु के अस्तित्व से इन्कार किए बैठे हैं। इसका कारण है – माया। माया प्रभु द्वारा पैदा की हुई शक्ति है, जो संसार के इस खेल को चलाने के लिए आवश्यक है। माया का स्वभाव है लोगों को प्रभु से तोड़कर संसार के नाशवान के साथ जोड़ना। प्रभुमुखी मनुष्य संसार के पदार्थों में रहते हुए भी इन पदार्थों के रसों/भोगों में ग्रसित नहीं होता, जब कि प्रभु–प्रेम–हीन मनुष्य सांसारिक पदार्थों की प्राप्ति को ही अपना जीवन उद्देश्य समझता है। इनकी प्राप्ति व संभाल में लगा हुआ मनुष्य केवल अपने सुखों के साधन ही एकत्र करता हुआ झूठ, फरेब, धोखा, दूसरे का हक मारना, चोरी, लूट–मार इत्यादि विकारों में अपना जीवन गँवा लेता है और इस संसार से कूच कर जाता है।

४८. माया के प्रभाव के अधीन मनुष्य सांसारिक पदार्थ एकत्र करते हुए, और इन पदार्थों के मोह, रस–कस आदि में बदमस्त हुआ अपना जीवन व्यर्थ गँवा लेता है।

४९ मनुष्य पाँच विकारों के शिकंजे में आया हुआ दु:ख भोगता है। प्रभु का नाम सुमिरन करने से, उसके नाम का जाप करने से, गुण गायन करने से ही उसका छुटकारा हो सकता है।

५०. यदि प्रभु कृपा दृष्टि करे तो वह मनुष्य की आत्मा को विकार रहित करके, अपने (परमात्मा) जैसा बना लेता है।

अभिमान के अधीन रहकर

५१. प्रभु की कृपा पात्र बनकर, मनुष्य बलवान आत्मा के मालिक बन जाते हैं और प्रभु में विलीन हो जाते हैं।

५२. राज गद्दी पर बैठने का अधिकार उसे है जो इसके योग्य हो, न्यायकारी तथ जन-कल्याणकारी राज्य चला सकता हो।

५३. राजा के लिए गुणवान होना तथा प्रभु के भय में रहना आवश्यक है। प्रभु के भय में रहने वाला राजा ही प्रभु की प्रजा की सच्चे दिल से सेवा कर सकता है।

५४. वही राज्य प्रणाली ठीक है, जो जन कल्याणकारी हो, न्यायकारी हो और जिसे चलाने वाले शासक बुद्धिमान तथा प्रभु के भय में रहने वाले हों।

स्वामी विवेकानंद-दर्शन

चरण - १

१. उठो, जागो और तब तक नहीं रुको जब तक लक्ष्य ना प्राप्त हो जाये।

२. उठो मेरे शेरों, इस भ्रम को मिटा दो कि तुम निर्बल हो, तुम एक अमर आत्मा हो, स्वच्छंद जीव हो, धन्य हो, सनातन हो, तुम तत्व नहीं हो, न ही शरीर हो, तत्व तुम्हारा सेवक है तुम तत्व के सेवक नहीं हो।

३. जिस तरह से विभिन्न स्रोतों से उत्पन्न धाराएँ अपना जल समुद्र में मिला देती हैं, उसी प्रकार मनुष्य द्वारा चुना हर मार्ग चाहे अच्छा हो या बुरा भगवान तक जाता है।

४. ब्रह्माण्ड की सारी शक्तियाँ पहले से हमारी हैं। वे हमीं हैं जो अपनी आँखों पर हाथ रख लेते हैं और फिर रोते हैं कि कितना अन्धकार है!

५. किसी की निंदा न करें; अगर आप मदद के लिए हाथ बढ़ा सकते हैं तो जरूर बढ़ाएँ, अगर नहीं बढ़ा सकते, तो अपने हाथ जोड़िये, अपने भाइयों को आशीर्वाद दीजिये और उन्हें उनके मार्ग पर जाने दीजिये।

६. कभी मत सोचिये कि आत्मा के लिए कुछ असंभव है। ऐसा सोचना सबसे बड़ा विधर्म है। अगर कोई पाप है, तो वह यही है; ये कहना कि तुम निर्बल हो या अन्य निर्बल हैं।

७. अगर धन दूसरों की भलाई करने में मदद करे, तो इसका कुछ मूल्य है, अन्यथा, ये सिर्फ बुराई का एक ढेर है, और इससे जितना जल्दी छुटकारा मिल जाये उतना बेहतर है।

८. एक शब्द में, यह आदर्श है कि तुम परमात्मा हो।

९. उस व्यक्ति ने अमरत्व प्राप्त कर लिया है, जो किसी सांसारिक वस्तु से व्याकुल नहीं होता।

१०. हम वे हैं जो हमें हमारी सोच ने बनाया है, इसलिए इस बात का ध्यान रखिये कि आप क्या सोचते हैं। शब्द गौण हैं। विचार रहते हैं, वे दूर तक यात्रा करते हैं।

११. जब तक आप स्वयं पर विश्वास नहीं करते तब तक आप भगवान पर विश्वास नहीं कर सकते।

१२. सत्य को हजार तरीकों से बताया जा सकता है, फिर भी हर एक सत्य ही होगा।

१३. विश्व एक व्यायामशाला है जहाँ हम स्वयं को मजबूत बनाने के लिए आते हैं।

१४. इस दुनिया में सभी भेद-भाव किसी स्तर के हैं न कि प्रकार के क्योंकि एकता ही सभी चीजों का रहस्य है।

१५. हम जितना ज्यादा बाहर जायें और दूसरों का भला करें, हमारा हृदय उतना ही शुद्ध होगा, और परमात्मा उसमे बसेंगे।

१६. हमारा कर्तव्य है कि हम हर किसी को उसका उच्चतम आदर्श जीवन जीने के संघर्ष में प्रोत्साहन करें, और साथ ही साथ उस आदर्श को सत्य के जितना निकट हो सके लाने का प्रयास करें।

१७. एक विचार लो, उस विचार को अपना जीवन बना लो - उसके बारे में सोचो उसके सपने देखो, उस विचार को जियो। अपने मस्तिष्क, मांसपेशियों, नसों, शरीर के हर हिस्से को उस विचार में डूब जाने दो और बाकी सभी विचार को किनारे रख दो। यही सफल होने का तरीका है।

१८. जिस क्षण मैंने यह जान लिया कि भगवान हर एक मानव शरीर रूपी मंदिर में विराजमान हैं, जिस क्षण मैं हर व्यक्ति के सामने श्रद्धा से खड़ा हो गया और उसके भीतर भगवान को देखने लगा उसी क्षण मैं बन्धनों से मुक्त हूँ हर वह चीज जो बाँधती है नष्ट हो गयी और मैं स्वतंत्र हूँ।

चरण - २

१. वेदान्त कोई पाप नहीं जानता, वो केवल त्रुटी जानता है और वेदान्त कहता है कि सबसे बड़ी त्रुटि यह कहना है कि तुम कमजोर हो तुम पापी हो, एक तुच्छ प्राणी हो और तुम्हारे पास कोई शक्ति नहीं है और तुम यह–वह नहीं कर सकते।

२. जब कोई विचार अनन्य रूप से मस्तिष्क पर अधिकार कर लेता है तब वह वास्तविक भौतिक या मानसिक अवस्था में परिवर्तित हो जाता है।

३. भला हम भगवान को खोजने कहाँ जा सकते हैं अगर उसे अपने हृदय और हर एक जीवित प्राणी में नहीं देख सकते।

४. तुम्हें अन्दर से बाहर की तरफ विकसित होना है। कोई तुम्हें पढ़ा नहीं सकता, कोई तुम्हे आध्यात्मिक नहीं बना सकता, तुम्हारी आत्मा के अलावा कोई और गुरू नहीं है।

५. किसी दिन जब आपके सामने कोई समस्या ना आये आप सुनिश्चित हो सकते हैं कि आप गलत मार्ग पर चल रहे हैं।

६. स्वतंत्र होने का साहस करो। जहाँ तक तुम्हारे विचार जाते हैं वहाँ तक जाने का साहस करो और उन्हें अपने जीवन में उतारने का साहस करो।

७. किसी चीज से डरो मत। तुम अद्‌भुत काम करोगे। यह निर्भयता ही है जो क्षण भर में परम आनंद लाती है।

८. प्रेम विस्तार है, स्वार्थ संकुचन है इसलिए प्रेम जीवन का सिद्धांत है। वह जो प्रेम करता है जीता है, वह जो स्वार्थी है मर रहा है इसलिए प्रेम के लिए प्रेम करो, क्योंकि जीने का यही एक मात्र सिद्धांत है वैसे ही जैसे कि तुम जीने के लिए साँस लेते हो।

९. सबसे बड़ा धर्म है अपने स्वभाव के प्रति सच्चे होना। स्वयं पर विश्वास करो।

१०. पवित्रता, धैर्य तथा प्रयत्न के द्वारा सारी बाधाएँ दूर हो जाती हैं। इसमें कोई सन्देह नहीं कि महान कार्य सभी धीरे-धीरे होते हैं।

११. सच्ची सफलता और आनंद का सबसे बड़ा रहस्य यह है कि वह पुरुष या स्त्री जो बदले में कुछ नहीं माँगता, पूर्ण रूप से नि:स्वार्थ व्यक्ति, सबसे सफल है।

१२. जो अग्नि हमें गर्मी देती है हमें नष्ट भी कर सकती है, यह अग्नि का दोष नहीं है।

१३. पवित्रता, दृढ़ता तथा उद्यम- ये तीनों गुण मैं एक साथ चाहता हूँ।

१४. शक्ति जीवन है, निर्बलता मृत्यु है, विस्तार जीवन है, संकुचन मृत्यु है, प्रेम जीवन है, द्वेष मृत्यु है।

१५. हम जो बोते हैं वो काटते हैं। हम स्वयं अपने भाग्य के विधाता हैं। हवा बह रही है, वो जहाज जिनके पाल खुले हैं इससे टकराते हैं, और अपनी दिशा में आगे बढ़ते हैं पर जिनके पाल बंधे हैं हवा को नहीं पकड़ पाते क्या यह हवा की गलती है? हम स्वयं अपना भाग्य बनाते हैं।

१६. शारीरिक, बौद्धिक और आध्यात्मिक रूप से जो कुछ भी कमजोर बनता है, उसे जहर की तरह त्याग दो।

१७. एक समय में एक काम करो, और ऐसा करते समय अपनी पूरी आत्मा उसमे डाल दो और बाकी सब कुछ भूल जाओ।

१८. कुछ मत पूछो, बदले में कुछ मत माँगो। जो देना है वो दो, वो तुम तक वापस आएगा, पर उसके बारे में अभी मत सोचो।

१९. जो तुम सोचते हो वो हो जाओगे। यदि तुम स्वयं को कमजोर सोचते हो तुम कमजोर हो जाओगे, अगर स्वयं को ताकतवर सोचते हो तुम ताकतवर हो जाओगे।

चरण - ३

१. मनुष्य की सेवा करो, भगवान की सेवा करो, मस्तिष्क की शक्तियाँ सूर्य की किरणों के समान हैं जब वो केन्द्रित होती हैं चमक उठती हैं।

२. आकाँक्षा, अज्ञानता, और असमानता - यह बंधन की त्रिमूर्तियाँ हैं।

३. यह भगवान से प्रेम का बंधन वास्तव में ऐसा है जो आत्मा को बाँधता नहीं है बल्कि प्रभावी ढंग से उसके सारे बंधन तोड़ देता है।

४. कुछ सच्चे, ईमानदार और ऊर्जावान पुरुष और महिलाएँ जितनी कोई भीड़ एक सदी में कर सकती है उससे अधिक एक वर्ष में कर सकते हैं।

५. जब लोग तुम्हे गाली दें तो तुम उन्हें आशीर्वाद दो सोचो तुम्हारे झूठे दंभ को बाहर निकालकर वो तुम्हारी कितनी मदद कर रहे हैं।

६. स्वयं को कमजोर समझना सबसे बड़ा पाप है।

७. धन्य हैं वो लोग जिनके शरीर दूसरों की सेवा करने में नष्ट हो जाते हैं।

८. क्या तुम नहीं अनुभव करते कि दूसरों के ऊपर निर्भर रहना बुद्धिमानी नहीं है। बुद्धिमान व्यक्ति को अपने ही पैरों पर दृढ़ता पूर्वक खड़ा होकर कार्य करना चहिए। धीरे-धीरे सब कुछ ठीक हो जाएगा।

९. शक्ति और विश्वास के साथ लगे रहो। सत्यनिष्ठा पवित्र और निर्मल रखो, तथा आपस में न लड़ो। हमारी जाति का रोग ईर्ष्या ही है।

१०. ईर्ष्या तथा अहंकार को दूर कर दो -- संगठित होकर दूसरों के लिए कार्य करना सीखो।

११. शक्तिमान! उठो तथा सामर्थ्यशाली बनो। कर्म, निरन्तर कर्ममय संघर्ष, निरन्तर संघर्ष! पवित्र और निःस्वार्थी बनने की कोशिश करो – सारा धर्म इसी में है।

१२. लोग तुम्हारी स्तुति करें या निन्दा, लक्ष्मी तुम्हारे ऊपर कृपालु हो या न हो, तुम्हारा देहान्त आज हो या एक युग में, तुम न्यायपथ से कभी भ्रष्ट न हो।

१३. हमारी नैतिक प्रकृति जितनी उन्नत होती है, उतना ही उच्च हमारा प्रत्यक्ष अनुभव होता है, और उतनी ही हमारी इच्छा शक्ति अधिक बलवती होती है।

१४. जो सत्य है, उसे साहसपूर्वक निर्भीक होकर लोगों से कहो। उससे किसी को कष्ट होता है या नहीं, इस ओर ध्यान मत दो। दुर्बलता को कभी प्रश्रय मत दो। सत्य की ज्योति बुद्धिमान मनुष्यों के लिए यदि अत्यधिक मात्रा में प्रखर प्रतीत होती है और उन्हें बहा ले जाती है तो ले जाने दो वे जितना शीघ्र बह जाएँ उतना अच्छा ही है।

१५. तुम अपनी अंतरुस्थ आत्मा को छोड़ किसी और के सामने सिर मत झुकाओ। जब तक तुम यह अनुभव नहीं करते कि तुम स्वयं देवों के देव हो, तब तक तुम मुक्त नहीं हो सकते।

१६. ईश्वर ही ईश्वर की उपलब्धि कर सकता है। सभी जीवंत ईश्वर हैं इस भाव से सब को देखो। मनुष्य का अध्ययन करो, मनुष्य ही जीवन्त काव्य है। जगत में जितने ईसा या बुद्ध हुए हैं, सभी हमारी ज्योति से ज्योतिष्मान हैं। इस ज्योति को छोड़ देने पर ये सब हमारे लिए और अधिक जीवित नहीं रह सकेंगे, मर जाएँगे। तुम अपनी आत्मा के ऊपर स्थिर रहो।

१७. मानव-देह ही सर्वश्रेष्ठ देह है एवं मनुष्य ही सर्वोच्च प्राणी है क्योंकि इस मानव-देह तथा इस जन्म में ही हम इस सापेक्षिक जगत् से संपूर्णतया बाहर हो सकते हैं निश्चय ही मुक्ति की अवस्था प्राप्त कर सकते हैं और यह मुक्ति ही हमारा चरम लक्ष्य है।

१८. जो महापुरुष प्रचार-कार्य के लिए अपना जीवन समर्पित कर देते हैं, वे उन महापुरुषों की तुलना में अपेक्षाकृत अपूर्ण हैं जो मौन रहकर पवित्र जीवनयापन करते हैं और श्रेष्ठ विचारों का चिन्तन करते हुए जगत् की सहायता करते हैं। इन सभी महापुरुषों में एक के बाद दूसरे का आविर्भाव होता है? अंत में उनकी शक्ति का चरम फलस्वरूप ऐसा कोई शक्तिसम्पन्न पुरुष आविर्भूत होता है जो जगत् को शिक्षा प्रदान करता है।

१९. मन का विकास करो और उसका संयम करो उसके बाद जहाँ इच्छा हो वहाँ इसका प्रयोग करो उससे अति शीघ्र फल प्राप्ति होगी। यह है यथार्थ आत्मोन्नति का उपाय। एकाग्रता सीखो और जिस ओर इच्छा हो उसका प्रयोग करो। ऐसा करने पर तुम्हें कुछ खोना नहीं पड़ेगा। जो समस्त को प्राप्त करता है वह अंश को भी प्राप्त कर सकता है।

२०. बड़े-बड़े दिग्गज बह जायेंगे। छोटे-मोटे की तो बात ही क्या है! तुम लोग कमर कसकर कार्य में जुट जाओ, हुंकार मात्र से हम दुनिया को पलट देंगे। अभी तो केवल मात्र प्रारम्भ ही है। किसी के साथ विवाद न कर हिल-मिलकर अग्रसर हो - यह दुनिया भयानक है किसी पर विश्वास नहीं है। डरने का कोई कारण नहीं है माँ मेरे साथ हैं - इस बार ऐसे कार्य होंगे कि तुम चकित हो जाओगे। भय किस बात का? किसका भय? वज्र जैसा हृदय बनाकर कार्य में जुट जाओ।

२१. किसी बात से तुम उत्साहहीन न होओ जब तक ईश्वर की कृपा हमारे ऊपर है कौन इस पृथ्वी पर हमारी उपेक्षा कर सकता है? यदि तुम अपनी अन्तिम साँस भी ले रहे हो तो भी न डरना। सिंह की शूरता और पुष्प की कोमलता के साथ काम करते रहो।

२२. वीरता से आगे बढ़ो। एक दिन या एक साल में सिद्धि की आशा न रखो। उच्चतम आदर्श पर दृढ़ रहो। स्थिर रहो। स्वार्थपरता और ईर्ष्या से बचो। आज्ञा-पालन करो। सत्य, मनुष्य जाति और अपने देश के पक्ष पर सदा के लिए अटल रहो, और तुम संसार को हिला दोगे। याद रखो व्यक्ति और उसका जीवन ही शक्ति का स्रोत है, इसके सिवाय अन्य कुछ भी नहीं।

२३. इस तरह का दिन क्या कभी होगा कि परोपकार के लिए जान जायेगी? दुनिया बच्चों का खिलवाड़ नहीं है। बड़े आदमी वो हैं जो अपने हृदय-रुधिर से दूसरों का रास्ता तैयार करते हैं- यही सदा से होता आया है कि एक आदमी अपना शरीर-पात करके सेतु निर्माण करता है, और हजारों आदमी उसके ऊपर से नदी पार करते हैं।

चरण - ४

१. न संख्या, न शक्ति, न धन, न पाण्डित्य, न वाक चातुर्य, कुछ भी नहीं बल्कि पवित्रता, शुद्ध जीवन, एक शब्द में अनुभूति, आत्म-साक्षात्कार को विजय मिलेगी! प्रत्येक देश में सिंह जैसी शक्तिमान दस-बारह आत्माएँ होने दो जिन्होंने अपने बन्धन तोड़ डाले हैं, जिन्होंने अनन्त का स्पर्श कर लिया है, जिनका चित्त ब्रह्मनुसन्धान में लीन है, जो न धन की चिन्ता करते हैं, न बल की, न नाम की और ये व्यक्ति ही संसार को हिला डालने के लिए पर्याप्त होंगे।

२. यही रहस्य है। योग प्रवर्तक पंतजलि कहते हैं, जब मनुष्य समस्त अलौकिक दैवी शक्तियों के लोभ का त्याग करता है, तभी उसे धर्म मेघ नामक समाधि प्राप्त होती है। वह परमात्मा का दर्शन करता है, वह परमात्मा बन जाता है और दूसरों को तदरूप बनने में सहायता करता है। मुझे इसी का प्रचार करना है। जगत् में अनेक मतवादों का प्रचार हो चुका है। लाखों पुस्तकें हैं, परन्तु हाय! कोई भी किंचित् अंश में प्रत्यक्ष आचरण नहीं करता।

३. एक महान रहस्य का मैंने पता लगा लिया है - वह यह कि केवल धर्म की बातें करने वालों से मुझे कुछ भय नहीं है। और जो सत्यदृष्ट महात्मा हैं, वे कभी किसी से वैर नहीं करते। वाचालों को वाचाल होने दो! वे इससे अधिक और कुछ नहीं जानते! उन्हें नाम, यश, धन, स्त्री से सन्तोष प्राप्त करने दो और हम धर्मोपलब्धि,

ब्रह्मलाभ एवं ब्रह्म होने के लिए ही दृढ़व्रत होंगे। हम आमरण एवं जन्म-जन्मान्त में सत्य का ही अनुसरण करेंगें। दूसरों के कहने पर हम तनिक भी ध्यान न दें और यदि आजन्म यत्न के बाद एक, केवल एक ही आत्मा संसार के बन्धनों को तोड़कर मुक्त हो सके तो हमने अपना काम कर लिया।

४. वत्स! धीरज रखो, काम तुम्हारी आशा से बहुत ज्यादा बढ़ जाएगा। हर एक काम में सफलता प्राप्त करने से पहले सैंकड़ों कठिनाइयों का सामना करना पड़ता है। जो उद्यम करते रहेंगे वे आज या कल सफलता को देखेंगे। परिश्रम करना है वत्स। कठिन परिश्रम काम कांचन के इस चक्कर में अपने आप को स्थिर रखना, और अपने आदर्शों पर जमे रहना, जब तक कि आत्मज्ञान और पूर्ण त्याग के साँचे में शिष्य न ढल जाये निश्चय ही कठिन काम है। जो प्रतिक्षा करता है उसे सब चीजें मिलती हैं। अनन्त काल तक तुम भाग्यवान बने रहो।

५. मेरी दृढ़ धारणा है कि तुममें अन्धविश्वास नहीं है। तुममें वह शक्ति विद्यमान है, जो संसार को हिला सकती है, धीरे-धीरे और भी अन्य लोग आयेंगे। साहसी शब्द और उससे अधिक साहसी शब्दों की हमें आवश्यकता है। उठो! उठो! संसार दुःख से जल रहा है। क्या तुम सो सकते हो? हम बार-बार पुकारें जब तक सोते हुए देवता न जाग उठें जब तक अन्तर्यामी देव उस पुकार का उत्तर न दें। जीवन में और क्या है? इससे महान कर्म क्या है?

६. मुक्ति-लाभ के अतिरिक्त और कौन-सी उच्चावस्था का लाभ किया जा सकता है? देवदूत कभी कोई बुरे कार्य नहीं करते, इसलिए उन्हें कभी दंड भी प्राप्त नहीं होता, अतएवं वे मुक्त भी नहीं हो सकते। सांसारिक धक्का ही हमें जगा देता है, वही इस जगतस्वप्न को भंग

करने में सहायता पहुँचाता है। इस प्रकार के लगातार आघात ही इस संसार से छुटकारा पाने की अर्थात् मुक्ति-लाभ करने की हमारी आकांक्षा को जागृत करते हैं।

७. हे सखे, तुम क्यों रो रहे हो ? सब शक्ति तो तुम्हीं में हैं। हे भगवन्। अपना ऐश्वर्यमय स्वरूप को विकसित करो। ये तीनों लोक तुम्हारे पैरों के नीचे हैं। जड़ की कोई शक्ति नहीं, प्रबल शक्ति आत्मा की है। हे विद्वान! डरो मत तुम्हारा नाश नहीं हैं, संसार-सागर से पार उतरने का उपाय है। जिस पथ के अवलम्बन से यती लोग संसार-सागर के पार उतरे हैं, वही श्रेष्ठ पथ मैं तुम्हें दिखाता हूँ!

८. मैं चाहता हूँ कि मेरे सब बच्चे मैं जितना उन्नत बन सकता था, उससे सौ गुना उन्नत बनें। तुम लोगों में से प्रत्येक को महान शक्तिशाली बनना होगा- मैं कहता हूँ, अवश्य बनना होगा। आज्ञा-पालन, ध्येय के प्रति अनुराग तथा ध्येय को कार्यरूप में परिणत करने के लिए सदा प्रस्तुत रहना होगा। इन तीनों के रहने पर कोई भी तुम्हें अपने मार्ग से विचलित नहीं कर सकता।

९. जिस तरह हो इसके लिए हमें चाहे जितना कष्ट उठाना पड़े- चाहे कितना ही त्याग करना पड़े यह भाव (भयानक ईर्ष्या) हमारे भीतर न घुसने पाये- हम दस ही क्यों न हों- दो क्यों न रहें- परवाह नहीं परन्तु जितने हों सम्पूर्ण शुद्धचरित्र हों।

१०. बच्चों, धर्म का रहस्य आचरण से जाना जा सकता है, व्यर्थ के मतवादों से नहीं। सच्चा बनना तथा सच्चा बर्ताव करना इसमें ही समग्र धर्म निहित है। जो केवल प्रभु-प्रभु की रट लगाता है, वह नहीं, किन्तु जो उस परम पिता के इच्छानुसार कार्य करता है वही धार्मिक है। यदि कभी-कभी तुमको संसार का थोड़ा-बहुत धक्का

भी खाना पड़े, तो उससे विचलित न होना, मुहूर्त भर में वह दूर हो जायेगा तथा सारी स्थिति पुनः ठीक हो जायगी।

११. भाग्य बहादुर और कर्मठ व्यक्ति का ही साथ देता है। पीछे मुड़कर मत देखो, आगे अपार शक्ति, अपरिमित उत्साह, अमित साहस और निस्सीम धैर्य की आवश्यकता है– और तभी महत कार्य निष्पन्न किये जा सकते हैं। हमें पूरे विश्व को उद्दीप्त करना है।

१२. किसी को उसकी योजनाओं में हतोत्साह नहीं करना चाहिए। आलोचना की प्रवृत्ति का पूर्णतः परित्याग कर दो। जब तक वे सही मार्ग पर अग्रसर हो रहे हैं तब तक उनके कार्य में सहायता करो और जब कभी तुमको उनके कार्य में कोई गलती नजर आये, तो नम्रतापूर्वक गलती के प्रति उनको सजग कर दो। एक दूसरे की आलोचना ही सब दोषों की जड़ है। किसी भी संगठन को विनष्ट करने में इसका बहुत बड़ा हाथ है।

१३. एक ही आदमी मेरा अनुसरण करे किन्तु उसे मृत्युपर्यन्त सत्य और विश्वासी होना होगा। मैं सफलता और असफलता की चिन्ता नहीं करता। मैं अपने आन्दोलन को पवित्र रखूँगा भले ही मेरे साथ कोई न हो। कपटी कायरों से सामना पड़ने पर मेरा धैर्य समाप्त हो जाता है। यही संसार है कि जिन्हें तुम सबसे अधिक प्यार और सहायता करो वे ही तुम्हें धोखा देंगे।

१४. मेरा आदर्श अवश्य ही थोड़े-से शब्दों में कहा जा सकता है – मनुष्य जाति को उसके दिव्य स्वरूप का उपदेश देना तथा जीवन के प्रत्येक क्षेत्र में उसे अभिव्यक्त करने का उपाय बताना।

१५. जब कभी मैं किसी व्यक्ति को उस उपदेशवाणी (श्री रामकृष्ण के वाणी) के बीच पूर्ण रूप से निमग्न पाता हूँ, जो भविष्य में संसार में शान्ति की वर्षा करने वाली है, तो मेरा हृदय आनन्द से उछलने

लगता है। ऐसे समय मैं पागल नहीं हो जाता हूँ, यही आश्चर्य की बात है।

१६. हर काम को तीन अवस्थाओं में से गुजरना होता है - उपहास, विरोध और स्वीकृति। जो मनुष्य अपने समय से आगे विचार करता है, लोग उसे निश्चय ही गलत समझते है। इसलिए विरोध और अत्याचार हम सहर्ष स्वीकार करते हैं परन्तु मुझे दृढ़ और पवित्र होना चाहिए और भगवान् में अपरिमित विश्वास रखना चाहिए, तब ये सब लुप्त हो जायेंगे।

१८. प्रायः देखने में आता है कि अच्छे से अच्छे लोगों पर कष्ट और कठिनाइयाँ आ पड़ती हैं। इसका समाधान न भी हो सके फिर भी मुझे जीवन में ऐसा अनुभव हुआ है कि जगत में कोई ऐसी वस्तु नहीं जो मूल रूप में भली न हो। ऊपरी लहरें चाहे जैसी हों परन्तु वस्तु मात्र के अन्तरकाल में प्रेम एवं कल्याण का अनन्त भण्डार है। जब तक हम उस अन्तराल तक नहीं पहुँचते तभी तक हमें कष्ट मिलता है। एक बार उस शान्ति-मण्डल में प्रवेश करने पर फिर चाहे आँधी और तूफान के जितने तुमुल झकोरे आयें, वह मकान जो सदियों की पुरानी चट्टान पर बना है हिल नहीं सकता।

१८. साहसी होकर काम करो। धीरज और स्थिरता से काम करना - यही एक मार्ग है। आगे बढ़ो और याद रखो धीरज, साहस, पवित्रता और अनवरत कर्म। जब तक तुम पवित्र होकर अपने उद्देश्य पर डटे रहोगे तब तक तुम कभी निष्फल नहीं होओगे - माँ तुम्हें कभी न छोड़ेगी और पूर्ण आशीर्वाद के तुम पात्र हो जाओगे।

१९. बच्चों, जब तक तुम लोगों को भगवान तथा गुरू में, भक्ति तथा सत्य में विश्वास रहेगा, तब तक कोई भी तुम्हें नुकसान नहीं पहुँचा

सकता। किन्तु इनमें से एक के भी नष्ट हो जाने पर परिणाम विपत्तिजनक है।

२०. जो पवित्र तथा साहसी है, वही जगत् में सब कुछ कर सकता है। माया-मोह से प्रभु सदा तुम्हारी रक्षा करें। मैं तुम्हारे साथ काम करने के लिए सदैव प्रस्तुत हूँ एवं हम लोग यदि स्वयं अपने मित्र रहें तो प्रभु भी हमारे लिए सैकड़ों मित्र भेजेंगें।

२१. पूर्णतः निःस्वार्थ रहो, स्थिर रहो और काम करो। एक बात और है। सबके सेवक बनो और दूसरों पर शासन करने का तनिक भी यत्न न करो, क्योंकि इससे ईर्ष्या उत्पन्न होगी और इससे हर चीज बर्बाद हो जायेगी। आगे बढ़ो तुमने बहुत अच्छा काम किया है। हम अपने भीतर से ही सहायता लेंगे अन्य सहायता के लिए हम प्रतीक्षा नहीं करते। मेरे बच्चे! आत्मविश्वास रखो, सच्चे और सहनशील बनो।

२२. जब तक तुम्हारे हृदय में उत्साह एवं गुरू तथा ईश्वर में विश्वास- ये तीनों वस्तुएँ रहेंगी - तब तक तुम्हें कोई भी दबा नहीं सकता। मैं दिनोंदिन अपने हृदय में शक्ति के विकास का अनुभव कर रहा हूँ। हे साहसी बालकों! कार्य करते रहो।

श्री गुरुजी-दर्शन

चरण - १

१

संतों को गाय जैसा होना चाहिए, हाथी जैसा नहीं। गाय घास खाती है इसके बावजूद घी, दूध, मक्खन और छाछ देती है। गाय का गोबर भी काम आता है जबकि हाथी गन्ना और गुण तथा माल खाता है, तो भी समाज को कुछ भी नहीं देता। संत मुनि को घास अर्थात हल्का भोजन करना चाहिए। मतलब संत-मुनि वे हैं जो समाज से अंजुलि भर लेते हैं और डलिया भर लौटा देते हैं।

२

भले ही लड़ लेना, झगड़ लेना, पिट जाना, पीट देना, मगर बोलचाल बंद मत करना, क्योंकि बोलचाल के बंद होते ही सुलह के सारे दरवाजे बंद हो जाते हैं। गुस्सा बुरा नहीं है, गुस्से के बाद आदमी जो बैर पाल लेता है वह बुरा है। गुस्सा तो बच्चे भी करते हैं मगर बच्चे बैर नहीं पालते। वे इधर लड़ते झगड़ते हैं और उधर अगले ही क्षण फिर एक हो जाते हैं। कितना अच्छा रहे कि हर कोई बच्चा ही रहे!

३

क्रोध की अपनी पूरी खान है। क्रोध की एक लाडली बहन है, जिद। वह हमेशा क्रोध के साथ-साथ रहती है। क्रोध की पत्नी है हिंसा। वह पीछे छिपी रहती है। लेकिन कभी-कभी आवाज सुनकर बाहर आ जाती है। क्रोध का बाप भी है जिससे वह डरता है, उसका नाम है भय। निंदा और चुगली क्रोध की बेटियाँ है। एक मुँह के पास रहेंगी तो दूसरी कान के पास। बैर बेटा है। ईर्ष्या इस खानदान की नकचढ़ी बहू है। इस परिवार में पोती है घृणा। घृणा हमेशा नाक के पास रहती है। नाक-भौं सिकोड़ना काम और उपेक्षा क्रोध की माँ है।

४

सुनने की आदत डालो क्योंकि दुनियाँ में कहने वालों की कमी नहीं है। कड़वे घूँट पीकर जीने और मुस्कराने की आदत बना लो क्योंकि दुनियाँ में अब अमृत की मात्रा बहुत कम रह गई है। अपनी बुराई सुनने का स्वयं में साहस पैदा करो क्योंकि लोग तुम्हारी बुराई करने से बाज नहीं आयेंगे। आलोचक बुरा नहीं है। वह तो जिन्दगी के लिए साबुन-पानी का काम करता है। जिंदगी की फिल्म में एक खलनायक भी तो जरूरी है। गली में दो-चार सुअर हों तो गली साफ रहती है।

५

जिन्दगी में माँ, महात्मा और परमात्मा से बढ़कर और कुछ भी नहीं हैं। जीवन में तीन आशीर्वाद जरूरी हैं। बचपन में माँ का, जवानी में महात्मा का, बुढ़ापे में परमात्मा का। माँ बचपन को संभाल देती है। जवानी में नीयत बिगड़े तो उपदेश देकर महात्मा सुधार देता है और बुढ़ापे में मौत बिगड़े तो परमात्मा संभाल लेता है। माँ, महात्मा और परमात्मा ही

जिन्दगी है। धर्मपुराण और इतिहास में से अगर ये तीन शब्द निकाल दें तो वे महज कागजों के पुलिंदे मात्र रह जाते हैं।

६

सूर्योदय के साथ ही बिस्तर छोड़ देना चाहिए। ऐसा न करने से सिर पर पाप चढ़ता है। महिलायें जो कि घर की लक्ष्मी हैं इन लक्ष्मियों को सूर्योदय के साथ ही उठ जाना चाहिए। लक्ष्मण थोड़ी देर से उठे तो एक बार चल जायेगा। पर लक्ष्मी का देर से उठना बिलकुल नहीं चलेगा। जिन घर परिवारों में लक्ष्मण के साथ लक्ष्मी भी देर सुबह तक सोई पड़ी रहती है उन घरों की धन लक्ष्मी रूठ जाया करती है और घर छोड़कर चली जाया करती है।

७

माँ बाप की आँखों में दो बार ही आँसू आते हैं। एक तो लड़की घर छोड़े जब और दूसरा लड़का मुँह मोड़े तब। पत्नी पसंद से मिल सकती है। मगर माँ तो पुण्य से ही मिलती है। इसलिए पसंद से मिलने वाली के लिए पुण्य से मिलने वाली को मत ठुकरा देना। जब तू छोटा था तो माँ की शय्या गीली रखता था, अब बड़ा हुआ तो माँ की आँख गीली रखता है। तू कैसा बेटा है। तूने जब धरती पर पहली साँस ली, तब माँ बाप तेरे पास थे। अब तेरा फर्ज है कि माता-पिता जब अंतिम साँस लें, तब तू उनके पास रहे।

८

सफल जीवन के लिए एक प्रेरक सूत्र है। छोटों को देखकर जिओ, बड़ों को देखकर बढ़ो। अच्छे के लिए प्रयास करो और बुरे के लिए तैयार रहो। तुम्हारे पास स्कूटर है तो अपनी नजर छोटी साईकिल पर रखना बड़ी

कार पर नहीं, बस तुम सुखी रहोगे। बड़ों से आगे बढ़ने की प्रेरणा लेना क्योंकि दुनिया में जो महापुरुष हैं वे केवल पूजने के लिए नहीं हैं प्रेरणा के लिए भी हैं। अच्छे के लिए प्रयास करना, क्योंकि प्रयास कभी व्यर्थ नहीं जाता। और बुरे के लिए तैयार रहना, क्योंकि बेटा कभी भी मुँह मोड़ सकता है।

९

धर्म के दुश्मन नास्तिक नहीं बल्कि तथाकथित धर्म के ठेकेदार हैं। ईश्वर को बदनाम इन तथाकथित ठेकेदारों ने किया है। वैसे भी हीरे के दुश्मन कंकड़ पत्थर कहाँ होते हैं। नकली हीरे होते हैं। यह सच है कि आज खजाने को चोरों से नहीं गद्दारों से खतरा है और धर्म को दुश्मनों से नहीं ठेकेदारों से खतरा है। वे लोग जो धर्म की आड़ में अपना उल्लू सीधा करते हैं। धर्म के असली दुश्मन हैं।

१०

जीना है तो पूरे जिओ, और मरना है तो पूरे मरो क्योंकि कि ये जो अधजिया और अधमरा आदमी है वह तो धोबी के उस गधे जैसा है जो न तो घर का होता है और न घाट का। हममें से कई लोग दिन में काम के वक्त ऊँघते सोते हैं और रात में जब आराम का समय होता है तब तरह तरह की उधेड़ बुन में रहते हैं। मैं पूछता हूँ क्या यह उचित है? आज हमारा न तो जागरण पर नियंत्रण रहा और न ही नींद पर। अब हमें नींद के लिए गोली खानी पड़ती हैं और जागने के लिए अलार्म भरना पड़ता है। भारत जैसे धर्मप्राण देश के लिए यह कोई शुभ संकेत नहीं है।

११

भारत माँ उस माँ की तरह है जो अपनी संतान को अपने खून से सींचकर, अपने आँचल का दूध पिलाकर पालती पोषती है और यही

कारण है कि दुनियाँ ने भारत को माता कहा अर्थात भारत माता। दुनिया में सिर्फ भारत को ही माता कहा जाता है। लंदन माता है, अमेरिका माता है, ऐसा आपने कभी सुना नहीं होगा। मैं माताओं-बहनों का आह्वान करूँगा कि वे अपनी कोख से दो की जगह तीन बच्चे पैदा करें। दो बच्चे अपने लिए रखें और तीसरे बच्चे को राष्ट्र और धर्म के लिए भारत माता को समर्पित कर दें।

१२

चलते रहना संत जीवन की चर्या है। संत कहीं से चलता है और कहीं पहुँच जाता है। मगर इस चलने और पहुँचने में एक घटना घटती है। जो संत के महत्व को दर्शाती है और वह घटना है कि संत जहाँ से चल देता है वहाँ सब सूना-सूना हो जाता है। और जहाँ पहुँच जाता है। वहाँ सब सोना-सोना हो जाता है। संत और संसारी में इतना ही तो फर्क होता है। कि संसारी का मन कहीं नहीं टिकता और संत के पैर कहीं नहीं टिकते। बहता हुआ जल और चलता फिरता संत हमेशा पवित्र होता है।

१३

दुनिया में सज्जन और दुर्जन दो तरह के मनुष्य होते हैं। मगर दोनों में फर्क केवल इतना होता है। कि सज्जन दूसरों को हँसाकर और दुर्जन रुलाकर जीता है और जब दुनिया से विदा लेते हैं तो सज्जन लोगों को रुलाकर और दुर्जन हँसाकर जाता है। जीवन ऐसा मत जीना कि लोग कहें कि अच्छा हुआ, एक और पाप कटा। दुनिया से जाओ तो लोगों के दिलों में मीठी यादें और आँखों में प्यार के आँसू छोड़कर जाओ।

१४

बच्चों के पैर चंचल होते हैं। जवान व्यक्ति का रोम-रोम चंचल होता है। और बूढ़े व्यक्ति की जुबान चंचल होती है। बूढ़े आदमी को नपा तुला बोलना चाहिए। अपने बहू-बेटों को अनावश्यक सलाह नहीं देना चाहिए। बूढ़े व्यक्ति को अपने मुख से या तो आशीर्वाद के शब्द निकालना चाहिए या फिर मौन रहना चाहिए। तुम्हारे बेटा-बहू, पोता-पोती कुछ भी अच्छा करें उन्हें शाबासी दो। बार-बार टोका-टोकी मत करो। कहो बहुत-अच्छा बेटा। तुमसे यही उम्मीद थी। हमेशा खुश रहो। बुजुर्गों! अगर तुमने ऐसा किया तो तुम्हारा बुढ़ापा सुख से कट जायेगा।

१५

अतिथि देवता है। घर में अतिथि आया हो तो अमृत ही क्यों न हो अकेले नहीं पीना चाहिए। जिस घर में अतिथि सत्कार नहीं होता वह घर घर नहीं शमशान है, उस घर की चौखट पर भूलकर भी पैर पड़ जाये तो स्नान करना चाहिए और जिस घर में अतिथि सत्कार में कभी चूक नहीं होती, वह घर, घर नहीं तीर्थ है। उस घर की चौखट को छूने मात्र से तीर्थ दर्शन का फल मिलता है। जो गृहस्थ अतिथि को खिलाकर फिर खुद खाता है। वह कभी भूखा नहीं सोता। जो व्यक्ति जाने वाले अतिथि की सेवा कर चुका है और आने वाले अतिथि का इंतजार करता है। वह खुद देवताओं का अतिथि बनता है।

१६

भारत एक धर्मराष्ट्र है। भारत का हर आदमी भारत है। तुम्हारी देह भारत का चलता-फिरता नक्शा है। तुम अपने दोनों हाथ कूल्हे पर रखकर खड़े हो जाओ तो स्वत: ही भारत का नक्शा बन जायेगा। तुम्हारा दाहिना हिस्सा राजस्थान है तो बाई ओर बिहार व उड़ीसा है। पेट मध्य प्रदेश है।

पैर तमिलनाडु है। गला पंजाब है। इसलिए ऐसा लगता है कि पंजाब समस्या के लिए लम्बे समय तक गला घोंटा जाता रहा है। माथा जम्मू कश्मीर है। शायद इसीलिए वह आज भी सिर दर्द बना हुआ है।

१७

राम और कृष्ण दोनों महापुरुष है। मगर दोनों के जीवन में एक बुनियादी फर्क है। कि राम तो एक दम सीधे और सरल है। जबकि कृष्ण कठिन और गूढ़ है। राम का नाम भी सरल है। स्वभाव भी सरल है। और चरित्र भी सरल है। जबकि कृष्ण का नाम स्वभाव, और लीला तीनों कठिन हैं। राम-राम जपने से आपको कष्ट नहीं होगा लेकिन कृष्ण जपने से जबड़े दु:खने लगते हैं। राम का जीवन और कृष्ण का कथन तुम्हारे लिए अनुकरणीय है। राम ने जो किया वह तुम्हें करना है। कृष्ण ने जो किया वह मत करने लगना वरना सिर पर जूते पड़ेंगे।

१८

वक्त तेजी से बदल रहा है और इस बदलते वक्त में अगर तुमने नई पीढ़ी को संस्कारित नहीं किया तो कल जब यह पीढ़ी अंगड़ाई लेकर मैदान में आयेगी और तुम बुढ़ापे की चौखट पर खड़े होओगे तो तुम्हारा युवा बेटा वृद्धावस्थाओं का एलबम लाकर दिखायेगा और कहेगा कि पिता जी यह एलबम देखिये, इसमें देश के चुनिंदा वृद्धाश्रम दर्ज है। जिनकी अपनी-अपनी विशेषताएँ हैं। आप इनमें से कोई भी एक अपने लिए पसंद कर लीजिए। ताकि मैं वहाँ आपको भिजवाकर अपना पुत्र धर्म निभा सकूँ।

१९

पितृदेवो भव:। पितादेव है। माँ की ममता धरती से भारी है और पिता का स्थान आकाश से भी ऊँचा है क्योंकि बेटे के लिए पिता के अरमान

आकाश से भी ऊँचे होते हैं। दुनिया में कोई किसी को अपने से आगे बढ़ता और ऊँचा उठता नहीं देख सकता। एक पिता ही है जो अपनी संतान को अपने से सवाया होता देखकर खुश होता है। देश के नौजवानों! अपने पर्स में रुपये की जगह अपने पिता की तस्वीर रखिये क्योंकि उस तस्वीर ने ही तुम्हारी तस्वीर संवारी है। पेड़ बूढ़ा ही सही आँगन में लगा रहने दो फल न सही छाँव तो देगा।

२०

हर समय राम भरोसे बैठे रहना उचित नहीं है। अपने पर भी भरोसा रखिए। यह राम भरोसे से कहीं अधिक महत्वपूर्ण है। हम यह मान लें कि जो होना लिखा है वही होगा तो यह ठीक नहीं है। अगर तुम्हारा अपने पर भरोसा नहीं है। तो राम भरोसा क्या कर लेगा? ध्यान रखें, अगर राम जी का भी खुद पर से भरोसा उठ जाये तो उनकी भी नैया डुबक/डुबक हो जाया करती है। सच तो यह है कि राम खुद ही तुम्हारे भरोसे बैठे हैं। कि शायद तुम राम राज्य की स्थापना के लिए कुछ करोगे।

२१

आज तुम्हारे मंदिर बूढ़े हो गये, क्योंकि उनमें युवाओं ने जाना बंद कर दिया। जब युवाओं का मंदिर में प्रवेश बंद हो जाता है तो मंदिर भी बूढ़े हो जाते हैं। धर्म उनकी सम्पदा है जो युवा है। युवा चित्र हैं। तीर्थंकर महावीर ऐसे पहले दार्शनिक हैं जिन्होंने धर्म को युवा से जोड़ा। महावीर ने कहा यौवन और धर्म का गहन मेल है। धर्म यात्रा में ऊर्जा चाहिए। धर्म की पहली पसंद युवा है। जब तुम बूढ़े व्यक्ति को गोद लेना पसंद नहीं करते तो भला धर्म बूढ़े इंसान को गोद लेना क्यों पसंद करेगा।

२२

पड़ोसी धर्म को निभाइए। पड़ोस धर्म क्या है। यही कि आप भोजन अवश्य करें। मगर इस बात का ध्यान रखें कि कहीं आपका पड़ोसी भूखा न रह जाये। अच्छा पड़ोसी आशीर्वाद दे। पड़ोसी के साथ कभी बिगाड़ न करें। क्योंकि हम मित्रों के बिना तो जी सकते हैं। लेकिन पड़ोसी के बिना नहीं। पड़ोसी के सुख-दुःख में सहभागी बनिए। कारण कि पड़ोसी के घर में आग लगी हो तो समझना तुम्हारी अपनी सम्पत्ति भी खतरे में है और हाँ, अगर तुम आज पड़ोसी के यहां नमकीन भेजते हो तो कल वहाँ से मिठाई जरूर आयेगी।

२३

अगर तुम चाहते हो कि तुम्हारे घर परिवार में शांति बनी रहे तो अपने घर में ज्योतिषी और तान्त्रिक को कभी मत घुसने देना। इन्हें घर के दरवाजे से ही सलाम करके विदा कर देना। कारण कि जिन घरों में इनका आना जाना शुरू हो जाता है। उन घरों की शांति भँग हो जाती है। महिलाएँ सबसे पहले इनका शिकार होती हैं। अगर एक बार इन लोगों का पत्रा खुल गया तो फिर पत्रा खुलता ही चला जाता है और खतरा बढ़ता ही जाता है।

२४

दुनिया का एक सीधा नियम है। यहाँ इंसान को कुछ मिल सकता है। जोर लगाओ तो कुछ-कुछ भी मिल सकता है। किस्मत साथ दे तो बहुत कुछ भी मिल सकता है। लेकिन सब कुछ कभी भी और सभी को नहीं मिलता। इसलिए सब कुछ पाने और सब कुछ होने के पीछे पागल मत बनो। जो तुम्हारे पास है उसका आनंद लो। जो पड़ोसी के पास है

उसका आनंद लो। जो पड़ोसी के पास है उसे देखकर दुःखी मत हो। दुःखी होने से आखिर पड़ोसी तुम्हें कुछ दे तो नहीं देगा।

२५

दुनिया का सबसे बड़ा तीर्थ माँ की गोद है। क्योंकि इस गोद में खुद तीर्थंकर और अवतार खेले हैं। प्यार कम कब होता है जिस दिन घर के आँगन में एक नई दीवार खड़ी हो जाती है उस दिन दो भाइयों का प्यार छुप-छुप कर रोता है। घोड़ी पर चढ़ा हुआ दूल्हा बारात में क्या विचार करे? यही कि जो आज बारात लेकर आ रहे हैं कल मेरी अर्थी भी यही लोग उठायेंगे। यदि कोई विश्वास को तोड़ दे तो उसे माफ कर दीजिए। लेकिन उसका नाम स्मरण रखिए।

२६

अगर आप माँ बाप हैं तो बच्चों के साथ आत्मीयता पैदा कीजिए। बच्चों से दूरियाँ नहीं होनी चाहिए। अपने बच्चों के लिए थोड़ा समय जरूर निकालिए। उनके साथ बैठिये और बतियाइए क्योंकि आपकी सबसे बड़ी सम्पत्ति तो वही हैं। पैसा कमाने में इतने मशगूल मत हो जाना कि बच्चे हाथ से निकल जायें। बच्चे बिगड़ गये तो फिर पैसा कमाकर भी क्या करोगे? बच्चे को बच्चा इसलिए कहते हैं क्योंकि उसे बचाना पड़ता है। वह स्वयं बचना नहीं जानता। उसे बुरी नजर और बुरी संगत से बचाइए वरना कल तुम्हारा बड़ा बुरा होगा।

२७

अगर आप विद्यार्थी है तो मेरी एक नसीहत ध्यान में रखिये। दसवीं और बारहवीं कक्षा के इन दो सालों में सोइए मत। रात दिन पढ़िए क्योंकि ये ही दो साल हैं जहां से कैरियर बनता है। यदि ये दो साल सोने में

निकाल दिए तो फिर जिन्दगी भर जागना ही जागना है कारण कि गधा मजदूरी करके जीवन गुजारना होगा और यदि इन सालों में जागकर कठोर परिश्रम करके अध्ययन में सफलता अर्जित कर ली तो फिर जीवन भर आराम से सोना ही सोना है कारण कि अच्छे पढ़कर तुम्हारी नियुक्ति होगी और जिन्दगी आराम से कट रही होगी।

२८

अगर आप पत्नी हैं तो आप अपने पति की आय से अधिक व्यय मत करिये कारण कि आय और व्यय में संतुलन बनता है तो ही दाम्पत्य जीवन में संतुलन बनता है। पत्नी की जिम्मेदारी है कि कि वह पति पर अनावश्यक बोझ और चिंता का कारण न बनने दे जिसकी जितनी बड़ी चादर हो पैर उतने ही फैलाने चाहिए। मगर आजकल की पत्नियाँ भी कमाल की हैं। वे पति की आय नहीं देखतीं और नई-नई माँग करती रहती हैं। सच है कि पति के मरने के बाद ही पत्नी समझदार होती है। कारण कि तब उसे कमाई का महत्व पता चलता है।

२९

अगर आप माँ बाप हैं और अपने बेटे के विवाह के बारे में सोच रहे हैं तो मेरा एक सुझाव है कि आप घर बहू लाना बहूरानी मत लाना। बहू घर आयेगी तो संस्कार लेकर आयेगी और बहूरानी घर आयेगी तो वह कार लेकर आयेगी। जो कार लेकर आयेगी तय है वह अपनी सरकार चलायेगी और जो संस्कार लेकर आयेगी वह तुम्हारे बुलाने पर सिर के बल चली आयेगी। बहू आयेगी तो वह तुम्हारे बेटे को हर रोज एक ऐसा पाठ पढ़ायेगी जो तुम्हारे जीवन को स्वर्ग बना देगा और बहूरानी आयेगी तो वह बेटे को ऐसी पट्टी पढ़ायेगी कि तुम्हे जीते जी स्वर्गीय बना देगी।

३०

अगर आप बुजुर्ग हैं तो कुछ नसीहत ध्यान में रखिए। जरूरत से ज्यादा मत बोलिए, बिन माँगे बहू बेटे को सलाह मत दीजिए, साठ साल की उम्र हो जाये तो अधिकार का सुख छोड़ दीजिए। बेटा-बहू से कहिए अब तुम्हीं इस घर के मालिक हो, अपने ढंग से जिओ, रहो हमें तो मेहमान ही समझो, बेशक तिजोरी की चाबी भी बेटे को दे देना मगर हाँ, अपने लिए इतना जरूर बचा लेना कि कल को बेटा-बहू के सामने हाथ फैलाना न पड़े।

३१

मृत्यु की सब सामग्री तैयार है। कफन भी तैयार है बस बाजार से लाने की देर है। बाँस और मूँज भी तैयार है बस आर्डर देने की देर है। उठाने और जलाने वाले भी तैयार हैं बस खबर करने की देर है। जलाने की जगह भी तैयार है बस अर्थी उठाने की देर है। रोने वाले भी तैयार हैं बस चल बसे की खबर सुनने की देर है। मृत्यु की सब सामग्री तैयार है। बस श्वास बंद होने की देर है। श्वास बंद होते ही आधा घण्टे में सब सामग्री जुट जायेगी और घण्टा भर में तो अस्थियाँ बिखर जायेंगी। अत: अस्थियाँ बिखरने से पहले जीवन में आस्था पैदा कर लेना और चिता जलने से पहले अपनी चेतना को जगा लेना बस जीवन सार्थक हो जायेगा।

३२

अपने-अपने कार्यक्षेत्र को धर्म क्षेत्र बनाओ। आसक्ति रहित, भक्तिसहित ईश्वर अर्पित कर्मों द्वारा अनन्य भाव से भगवत चिंतन करने वाले प्रियभक्त का योगक्षेम भगवान स्वयं वहन करते हैं। अत: प्रेमी भक्त का

प्रेमपूर्वक समर्पित उपहार सर्वेश्वर साकार होकर स्वयं स्वीकार करते हैं। चाहे वह पत्र-पुष्पादि ही क्यों न हों। इस अस्थायी परिवर्तनशील एवं नाशी जगत में कहीं भी किसी से मन लगाना मानो नानाविध दुःखों एवं उलझनों और समस्याओं को निमंत्रण देना है। अतः पापमुक्त, शोकमुक्त एवं शांति युक्त हेतु ईश्वर शरणागति ही अति सरल-सहज उपाय है।

३३

शुरू में आंदोलन साधन होता है तथा दर्शन ध्येय। परन्तु बाद में संस्था ध्येय बन जाती है तथा दर्शन साधन। ऐसा सभी धर्मों, सभी संस्थाओं के साथ होता है। तब हमारा लक्ष्य इतना ही रह जाता है कि संस्था किसी प्रकार बनी रहे। किन्तु सन्यासी को संस्थाओं अथवा धर्मों के परे होना चाहिए। उसके लिए सभी आध्यात्मिक संस्थायें उसकी आत्मा के अंश हैं तथा प्रत्येक धर्म समान रूप से अमूल्य, महत्वपूर्ण तथा अर्थपूर्ण है।

३४

जब लोग सफलता, प्रसिद्धि तथा प्रभुत्व प्राप्त कर लेते हैं तो वे उद्‌देश्य को भूल जाते हैं। मानव जाति के लिए कार्य करने के बजाए वे अपने लिए कार्य करने लग जाते हैं। हमें किसी दर्शन या विज्ञान का वहीं तक प्रचार-प्रसार करना चाहिए जहाँ तक लोग उससे लाभान्वित हो सकें। परन्तु यदि हम यह भूल जायें कि सामान्य रुप से मानव जाति का कल्याण ही ध्येय है न कि स्वयं सिद्धता। हम एक बहुत बड़ी भूल कर रहे हैं। सभी आध्यात्मिक जिज्ञासुओं में यही प्रेरणायें तथा आदर्श होने चाहिए। उन्हें किसी भी प्रतिनिधियात्मक आंदोलन, संगठन, जाति श्रेणी या पंथ से स्वतंत्र होना चाहिए और उन्हें एक स्थान से दूसरे

स्थान घूमते रहना चाहिए। ताकि यह न कहा जा सके कि वे किसी संस्था के लिए नाम यश, धन या किसी अन्य चीज के लिए काम कर रहे हैं।

३५

मानव विश्वास को ईश्वर विश्वास से अलग नहीं किया जा सकता। इस वसुधा में एक वस्तु सार और दूसरी नहीं ऐसा भी नहीं कह सकते। तब जरूरत है कि मानव विश्वास को ईश्वर विश्वास में सम्मिलित कर दें। जब तक मानव विश्वास की सिद्धि नहीं मिलेगी, तब तक हमारा ईश्वर विश्वास निरर्थक रहेगा।

३६

हमें समाज को अपना योगदान, सहयोग देना है। अपनी कर्मशक्ति को जगाओ। जब तक कर्म की वेदी पर आपका कर्म और पैसा पसीना बनकर नहीं निकलता, तब तक तपस्या-पाखण्ड, पूजादम्भ, गृहस्थी-पाप, और योग-निरर्थक है। आओ अपनी कर्मन्द्रियों को जागृत करो।

३७

अपने जीवन को परिवार और दैनिक कार्यों में नियमित करो। अपनी आवश्यकता को सीमित रखो। परिवार और समाज के उत्तरदायित्व को बोझ न समझो यह तो ईश्वर विश्वास की चिरन्तन साधना है। परिवार के उत्तरदायित्व। समाज के उत्तरदायित्व, आत्मकल्याण और मानव सेवा के सिवाय शेष सब व्यर्थ है अभिशाप है। उनके बंधनों को तोड़ो और मुक्त हो जाओ, यही मुक्ति है।

३८

प्रत्येक व्यक्ति को पहले अपनी स्वजाति को सुधारने का प्रयत्न करना चाहिए। जीव के निर्माण में यथासंभव योगदान करना चाहिए। इसी में राष्ट्र का कल्याण निहित है। समाज में एक भले व्यक्ति की उत्पत्ति, एक बुरे आदमी की संख्या स्वाभाविक रूप में घटाती है। इसी प्रकार जब एक राष्ट्र अपने नैतिक बल पर खड़ा होता है। तब पतनोन्मुख राष्ट्रों की संख्या में से एक इकाई घट जाती है। अनेक महान राष्ट्रों का उदय और अस्त होता है। वे आक्रमण करें तो भी अपने नैतिक बल पर दृढ़ राष्ट्र की लहराती ध्वजा को उतारने का साहस किसमें है? जो दूसरों की हत्या करते हैं उनको भी आखिर में शांति प्राप्त होती है। वह देश सुरक्षित है। जहाँ संतों का बाहुल्य है। ऐसे देश की संस्कृति जगमगाती है। कभी भी हिंसात्मक देश, अहिंसात्मक देश को किसी भी प्रकार की हानि नहीं पहुँचा सकते। अपने देश में पुनः स्वर्णयुग तभी आयेगा। जब प्रत्येक भारतीय का जीवन योग, धर्म, आध्यात्मिक, संन्यास से परिपूर्ण होगा।

३९

आज विश्व में अशांति का तूफान मच रहा है। एक प्रांत दूसरे प्रांत पर अधिकार करने के लिए व्याकुल है। एक देश दूसरे देश को हड़पने के लिए कूद रहा है। एक राष्ट्र दूसरे राष्ट्र को खत्म करने के लिए अवसर ढूँढ़ रहा है। बताओ? क्या ये ही हृदय की विशालता और मन की उदारता है। क्या विश्व को आज ऐसे व्यक्ति की आवश्यकता है जो समस्त संसार को अपने रंग में रंगना चाहे? आज इस धर्माचार की दुनिया को परवाह नहीं है जो जबरदस्ती अपने मत एवं सिद्धांतों को दूसरों से कबूल करवाता हो। अतः हमें योग द्वारा जीवन का परिमार्जन करना होगा। समाज देश और राष्ट्र की सूरत बदलनी होगी। जब प्रत्येक राष्ट्र के

सांसारिक स्वरूप का परिमार्जन होगा तभी राष्ट्र परस्पर दृढ़ मैत्री में बँधेगे। राष्ट्र की आज की परिस्थिति के लिए वे ही व्यक्ति जवाबदार हैं जो अपने हाथों से अपने ही पैर पर कुल्हाड़ी मारते हैं। आज राष्ट्र को धार्मिक अनुशासन की आवश्यकता है।

४०

धार्मिक अनुशासन का अर्थ, धर्म को जीवन में चरितार्थ करना है। आत्मशुद्धि, परितुष्टि, आत्म संयम से धर्म जीवन में चरितार्थ हो सकता है। जो जिस पंथ सम्प्रदाय का हो उसे उसी का सच्चा आदर्शवान बनाने का प्रयत्न करो। अर्थात वह अपने धर्म का सच्चा अनुयायी तभी हो सकता है। जब वह सच्चा मानव बने। हम स्वयं भले बनें साथ ही दूसरों को भला बनायें। यही विश्वशांति का मार्ग है।

४१

देश के नव निर्माण के लिए आज ऐसे व्यक्तियों की आवश्यकता है जिन्होंने प्रलोभनों को ठुकरा दिया हो। ऐसे व्यक्तियों को अपने जीवन में योग का शुभारम्भ करना चाहिए। उनके ही हाथों में राष्ट्र सुरक्षित रहेगा। देश की शांति, समृद्धि और सुख का भार जिनके सिर पर है वे यदि अपने जीवन को योगमय बना दें तो जीवन की सफलता शत् प्रतिशत निश्चित है। योग का अर्थ क्या है? राजयोग, ज्ञानयोग, हठयोग नहीं। योग कर्मसु कौशलम्। जो भी कार्य हमारे हाथ में हो उसे कुशलता पूर्वक पूरा करना, अर्थात जीवन के जिस योग में भी हो उसे कुशलता पूर्वक पूरा करना। उस कर्त्तव्य का पूर्ण पालन हम तभी कर सकते हैं जब हम समाज के साथ स्वयं के लिए उपयोगी और महान बनें। सच्चे नागरिक और सच्चे मनुष्य बनकर ही हम कर्त्तव्य पालन कर सकते हैं।

४२

मैंने प्राणों को दाँव पर लगाकर जिनके राजदण्ड को आर्यावर्त में ऐश्वर्यशाली बनाकर घुमाया था, उनका आज इस संकट की घड़ी में मेरे बिना कोई काम नहीं रुक रहा था। व्यक्ति कितना ही श्रेष्ठ, कितना ही त्यागी और कितना ही योजना कुशल क्यों न हो उसके लिए समाज कभी नहीं रुकता समाज की गंगा अखण्ड बहती ही रहेगी। अंदर के जल बिन्दु बदल जायेंगे। जो आज हैं वे चले जायेंगे कल नये आयेंगे। गंगा ऐसी ही बहती रहेगी। मैं ही अपने इतने जीवन को इतना बहुमूल्य क्यों समझूँ किसी व्यक्ति को यह समझना भी नहीं चाहिए।

चरण - २

१

सभी सुख चाहते है, सभी स्वस्थ रहना चाहते हैं, सभी कार्य में सफल होना चाहते हैं, सभी समृद्ध, सम्पन्न बनना चाहते हैं सभी प्रसिद्धि चाहते हैं, सभी तनाव मुक्त होना चाहते हैं, तो कल जो चला गया उसे भूल जाइये कल जो आने वाला है उसकी चिंता मत कीजिए। जो वर्तमान है उस का सरलता, सहजता, दृढ़ता और आत्मविश्वास के साथ सामना कीजिए।

२

सृजनशील रहकर हम अपनी जननी प्रकृति के उस उपकार का ऋण चुकाते हैं जो उसने हम पर किया है।

सृजनशील व्यक्ति आचरण, व्यवहार, कर्म सबमें सदैव अच्छा होता है। सृजन का सुख सबसे बड़ा होता है। इससे ऊपर कोई खुशी नहीं हो सकती न पद, प्रतिष्ठा, धन दौलत, मान सम्मान। इसलिए हर एक को अपनी सृजनशक्ति को जीवंत रखते हुए उसमें अभिवृद्धि का प्रयास पूरे प्राणपण से करना चाहिए क्योंकि सृजनात्मकता केवल अपनी एक अलग पहचान ही नहीं बनाती, बल्कि आपके इस धरती पर आने के बाद आपके सभी अवदान को सार्थक करती है।

३

कभी-कभी हमें उन लोगों से शिक्षा मिलती है जिन्हें हम अभिमानवश अज्ञानी समझते हैं। साहसी और सरल बनिये एवं जीवन का पूरा आनंद लीजिए।

४

सोच हमारे मन की स्थिति का दर्पण है। हम जैसा सोचेंगे वैसा ही प्रतिरूप हमें दिखेगा। इसलिए जीवन के किसी भी क्षेत्र में सफलता के लिए अत्यधिक आवश्यक है कि आपकी सोच सकारात्मक हो। इससे आपकी आत्मा को बुराई या आत्मग्लानि का कोई बोझ नहीं ढ़ोना पड़ता। इसलिए मन के साथ ही साथ आपके तन में भी ऊर्जा-उत्साह, उमंग का वातावरण बना रहता है।

५

अभ्यास की शक्ति देखो। निरन्तर अभ्यास से किसी विषय का अज्ञानी उस विषय का ज्ञाता हो जाता है। पर्वत भी धीरे-धीरे घिसकर चूर्ण बन जाता है और बाण भी अपने सूक्ष्मतम लक्ष्य तक पहुँच जाता है।

जब आप अपने आचरण में अपेक्षा-आकाँक्षा को लायेंगे तभी लोग स्वयं अनुगमन-अनुसरण करने लगेंगे।

६

नेतृत्व किसी भी सामूहिक कार्य की अनिवार्य शर्त है। किसी समूह के नेतृत्व की पहली शर्त यही है कि आप खुद को थोपने की बजाय समूह के हर व्यक्ति की विशिष्ट क्षमता का आकलन कर लक्ष्य प्राप्ति हेतु उसका समुचित उपयोग करें।

अच्छा नेतृत्व एक अच्छे वातावरण में सबको साथ लेकर उनकी भावनाओं की कद्र करते हुए, उनके भले का सोचते हुए तथा स्वयं में आत्मसंतोष तथा सृजन का सुख पाते हुए खुद तो निर्बाध गति से आगे बढ़ता ही है साथ ही सहयोगियों में सुचारु व सही रूप से काम करने की क्षमता भी पैदा करता है।

७

जो बीत गया सो बीतना था। आगत अज्ञात है। केवल वर्तमान हमारे हाथ में है। इसलिए उसका सार्थक उपयोग कर जीवन को सफल बनाना ही हमारा ध्येय होना चाहिए।

८

अपनी आत्मा में जिस वस्तु का चिंतन कर सकते हो, उसे छोड़कर क्या और कोई चिंतामणि है? अतः हे योगी! निज आत्मा के अनुसार ध्यान मनन व पालन करो। वही तुझे अक्षय सुख प्राप्त कराने वाली है।

९

दिये गये काम को अपना समझते हुए पूरे मनोयोग से करना एक विशिष्ट गुण है। जिस काम के लिए मन तैयार है या तैयार किया जा सकता है वह सहज हो जाता है। न कोई काम छोटा होता है न हीं बड़ा ही होता, न रुचिकर और न ही अरुचिकर। उसे छोटा, बड़ा, रुचिकर, अरुचिकर तो हमारी मानसिकता बनाती है।

१०

आपके अंदर जीवन में प्राथमिकतायें तय करने की योग्यता होनी चाहिए। बिना प्राथमिकतायें तय किए आप न तो सफल हो पायेंगे और न ही ठीक से कार्य निष्पादन कर पायेंगे।

कार्य में प्राथमिकता तय कर सकने की आपकी योग्यता ही आपकी सफलता की कुँजी है। यह एक ऐसा यंत्र है जिसके माध्यम से सफलता स्वघटित तथा युक्ति संगत होती है।

११

संवाद सफलता का सूत्र है। जीवन में जब तक आप सामने वाले से सार्थक एवं सुरुचिपूर्ण संवाद स्थापित नहीं करेंगे सफलता की पहली सीढ़ी चढ़ने में भी असमर्थ रहेंगे।

संवाद में माधुर्य, शब्दाडंबर की अपेक्षा अधिक सुखकर होता है और वह व्यक्ति को एक ऐसी आत्मा प्रदान करता है जो सौंदर्य की अपेक्षा अधिक प्यारी होती है।

१२

यदि एकाग्र चित रहेगा तो सामर्थ्य की कभी कमी नहीं पड़ेगी और आयु कितनी भी हो पर नौजवान की तरह उत्साह तथा उमंग सदा बनी रहेगी।

१३

वचन पालन करने वाला, सोच समझकर, तौलकर बोलता है फिर उसका शत-प्रतिशत जान की बाजी लगाकर पालन करता है।

कार्य की योजना, उसका क्रियान्वयन, लक्ष्य प्राप्ति, ये सब मिलकर भी अपूर्ण ही रह जायेंगे यदि वे वचनबद्धता के सूत्र से जुड़े हुए नहीं हैं।

१४

मनुष्य में संकल्पशक्ति की कमी नहीं होती, इच्छाशक्ति की कमी होती है। संकल्प का अर्थ है दृढ़ निश्चय या पक्का इरादा करना और इसके लिए दृढ़ इच्छा शक्ति आवश्यक ही नहीं, अनिवार्य है मन में

ठानने की। इसके बिना कुछ प्राप्त नहीं किया जा सकता। संकल्प का सुख आपको आत्मिक सुख तथा आंतरिक शक्ति दोनों प्रदान करता है।

१५

उद्यम या परिश्रम करने से कार्य सिद्ध होते हैं, केवल सोचने मात्र से नहीं। जैसे कि सोये हुए सिंह के मुख में मृग स्वयं प्रवेश नहीं करता अर्थात सिंह को उसके लिए परिश्रम करना पड़ता है।

उद्यमेन हि सिध्यन्ति कार्याणि न मनोरथैः
न हि सुप्तस्य सिंहस्य प्रविशंति मुखे मृगाः।।

परिश्रम प्राथमिक आवश्यकता है। परिश्रमी व्यक्ति का ही समाज में आदर के साथ नाम लिया जाता है।

१६

जो लोग कहते हैं कि यह नहीं किया जा सकता वे हमेशा ही आसपास होते हैं लेकिन इतिहास केवल उन्हीं ने बनाया है जो कहते है इसे किया जा सकता है।

निर्मल मन से की गई कोशिश कभी व्यर्थ नहीं जाती। अनवरत अभ्यास न केवल आपकी इच्छाशक्ति को दृढ़त्तर करता है बल्कि हर नई कोशिश के साथ आपके काम में निखार भी लाता है।

१७

एक ढर्रे पर चलते रहने से सोच एकांगी हो जाती है जबकि थोड़ा-सा हटकर सोचने से न केवल दिमाग के दरवाजे खुलते हैं बल्कि आगे के लिए हमारी सृजनात्मक शक्ति का विकास होता है। इसलिए कोई काम करने से पहले एक बार जरूर सोचें कि इसका कोई और तरीका नहीं हो सकता।

१८

हर व्यक्ति महत्वपूर्ण है इससे कोई फर्क नहीं पड़ता कि आप वॉयलिन बजा रहे हैं या बाँसुरी। वास्तव में तो आप इस आर्केस्ट्रा के हिस्से हैं जो सबके सहयोग से ही सुमधुर संगीत प्रदान करता है।

समूह भावना वह ईंधन है जिससे साधारण व्यक्ति आपसी विश्वास, सकारात्मक सोच, प्रोत्साहित वातावरण, एक दूसरे को खुश रख सकने की कला की सहायता से असाधारण परिणाम प्राप्त कर सकता है।

हर एक की प्रतिभा को न केवल पूरा अवसर मिले बल्कि उस स्थिति में उसके नेतृत्व को भी खुले मन से स्वीकारा जाये। दरअसल समूह भावना परिस्थिति जन्य नेतृत्व का पूरा सम्मान करती है।

१९

जीवन में आनंद हो तो जीवन सुख की सेज है और न हो तो जीवन काँटों का ताज है।

आप जो भी काम हाथ में लें उसमें पूरे आनंद का अनुभव करें। इससे काम आपको बोझ नहीं लगेगा और वास्तव में कुछ कर पाने के आनंद का सुखद अहसास आपके अंतस में पलेगा।

सबमें कार्य के लिए प्रेम होना चाहिए और वह कार्य जिसके लिए करना हो उसके लिए भी मन में अपार प्रेम होना चाहिए।

काम में मन लगाने या आनंद प्राप्त करने के विचार मात्र से आधा कार्य सम्पन्न हो जाता है। शेष की सम्पन्नता तो एक औपचारिकता मात्र रह जाती है।

२०

संसार की बड़ी–बड़ी भयानक घटनायें समय की देरी के कारण हो गई हैं। अतः अनुकूल को कभी हाथ से न जानें दें।

हमें समय असीमित नहीं मिला है। जितना मिला है उसके प्रत्येक क्षण का उचित व सार्थक उपयोग ही हमारी लक्ष्य प्राप्ति का एकमात्र साधन है। समय जीवन का एक महत्वपूर्ण अंग है।

२१

प्रसन्नता एक ऐसा आंतरिक गुण है। जिससे थोड़े–से अभ्यास से असीमित परिणाम प्राप्त किये जा सकते हैं। स्वयं को तो सुगंधित करता ही है साथ ही आसपास के वातावरण को भी सुगंधित रखता है।

प्रसन्नता वह चंदन है जिसे दूसरे के मस्तिष्क पर लगाने से आपकी अंगुलियाँ अपने आप महक जाती हैं।

२२

क्रोध मूर्खता से प्रारम्भ होता है और पश्चाताप पर समाप्त होता है।

यह मनुष्य का सबसे बड़ा शत्रु है। क्रोध, मानसिक एवं शारीरिक दोनों ही संरचना को प्रभावित करता है।

२३

कार्य की सही समझ एवं उत्कृष्टता के लिए धैर्य से अच्छा कोई विकल्प नहीं।

नीति निपुण लोग निंदा करें या स्तुति, लक्ष्मी आये या जाये, मरण आज हो या युगों बाद परन्तु धैर्यवान पुरुष, न्याय पथ से एक पग भी विचलित नहीं होते।

धैर्यवान जीवन के पथ पर जीत या हार दोनों के समभाव को स्वीकार करता है इसीलिए ईश्वर भी उसका साथ देता है।

२४

अधम पुरुषों का साथ करने से मनुष्यों की बुद्धि नष्ट होती है। मध्यम श्रेणी के मनुष्यों का साथ करने से मध्यम होती है और उत्तम पुरुषों का संग करने से उत्तरोत्तर श्रेष्ठ होती है।

व्यक्ति अपनी संगति से अधिक जाना जाता है।

अच्छी संगति वह पुण्य कार्य है, जो हमारे इहलोक के साथ ही परलोक भी संवारती है अत: अच्छों की संगति सफलता के मार्ग में हमारे वे सहारे हैं जो लक्ष्य तक पहुँचने में न केवल हमारी सहायता करते हैं बल्कि यह सुनिश्चित करते हैं कि हमें इस कार्य में यश की प्राप्ति भी हो।

२५

व्यवहार में लचीलापन आपके कार्य करने की तथा सबको साथ ले सकने की क्षमता का समानुपाती है।

परिस्थितियों के अनुरूप स्वयं को ढालकर नमूना से पेश आने वाले न सिर्फ सुखी होते हैं। अपितु अन्य लोगों की तुलना में अधिक आनंदपूर्वक जीवन जीते हैं।

व्यवहार में गहन गंभीरता होना चाहिए। तभी आपकी स्वीकार्यता बढ़ेगी। लोग भयमुक्त होकर बातचीत कर सकेंगे। व्यवहार के साथ काम में भी एक लय पैदा होगी तथा कार्य संगीत के समान माधुर्य पैदा करेगा। यही लय आपके चित्त को भी प्रसन्न्ता प्रदान करेगी।

२६

बलवान का बल उसकी विनयशीलता में है। शत्रुओं को परिवर्तित करने के लिए बुद्धिमान का शस्त्र यही है।

अधिकाधिक लोगों से काम ले सकने की आपकी क्षमता से आपका मूल्यांकन होता है यह तभी संभव है जब आप उनके अंदर छिपी प्रतिभा का पूरा उपयोग कर पायें। इसलिए आपका व्यवहार अहंकार रहित होना आवश्यक है। स्वभाव में यही विनम्रता लोगों को आपसे जोड़ती है।

२७

किसी गुणवान मनुष्य में कोई दोष देखकर भी गुणानुरागी कभी खिन्न नहीं होता। चंद्रमा में लगे कलंक को भी लोग प्रेम से ही देखते हैं।

जब आप जीवन के कुरुक्षेत्र में प्रवेश करते हैं तो सही व सच्चे सहयोगियों का साथ आवश्यक है इसलिए खुद में सतह से नीचे गहराई में जाकर लोगों की पहचान करने की क्षमता पैदा कीजिए। ऊपरी चकाचौंध एक मृगतृष्णा है।

२८

जब तक किसी वस्तु में आपकी ममता है तब तक वह एक तुच्छ वस्तु मात्र है और जब उससे आसक्ति हटा लेते हैं तो वह आपके लिए भगवान का प्रसाद बन जाती है।

आसक्ति से स्वार्थ उभरता, स्वार्थ से संकीर्णता, संकीर्णता से अहम्, जो मनुष्य के पतन का कारण बनता है। अनासक्ति व्यक्ति के मन में एक गहन शांति का स्थिर भाव होता है।

२९

सरलता एक ऐसा गुण है जो हरेक को आकर्षित करता है

निर्मल मन जन सो मोहि पावा।
मोहि कपट छल छिद्र न भावा।।

तपस्या तथा साधना के फल से ही मनुष्य सरल तथा उदार बना करता है। सरल विश्वासी के सम्मुख ही वे अपना स्वरूप प्रदान करते हैं।

३०

जो मनुष्य अपनी निंदा सह लेता है उसने मानों सारे जगत पर विजय प्राप्त कर ली। अनुभवजन्य, आत्मविश्वास टेढ़े-मेढ़े, उबड़-खाबड़ मार्ग पर चलकर प्राप्त किया जाता है, वह समतल या सपाट मार्ग पर चलकर नहीं।

स्वस्थ आलोचना का स्वागत कीजिए। प्रशंसा से परहेज कीजिए।

३१

स्वयं की गलती स्वीकारना एक बहुत बड़ी बात है। गलती स्वीकारना आत्मा को शुद्ध करने जैसा है। ऐसा करके आप अपने जीवन मार्ग को सुदृढ़ तथा सरल करते हैं।

गलती स्वीकारने से हमारा मान साथियों के बीच बढ़ता है। यह सोच का सकारात्मक पक्ष है। जिसमें सामने वाला पक्ष अपना उत्साह कायम रखते हुए आगे मन लगाकर काम करता है, पूर्ण समर्पित भावना से तथा उसमें त्रुटि सुधार भी हो जाता है।

३२

आडंबर एक ऐसा आवरण है जो आपके व्यक्तित्व के सूरज को काले बादलों के सदृश ढक लेता है। उससे आपके व्यक्त्वि की किरणें अन्य तक नहीं पहुँच पातीं।

आचरण अच्छा हो फिर भले ही आवरण कैसा भी हो तो आपकी लोकप्रियता में अभिवृद्धि ही होगी। केवल आपकी मूल क्षमतायें आपकी पहचान को स्थापित करेंगी।

३३

डींग वह कुँआ है जिसमें यदि एक बार आप गिर गये तो कभी ऊपर नहीं आ पायेंगे। इसलिए अपना कार्य लगन से करें तथा डींग हाँकने से बचें।

काम वही है जिसकी प्रशंसा दूसरे लोग करें। केवल निरपेक्ष भाव से पूरी लगन व परिश्रम से काम करते रहिए। स्मरण रहे कि अच्छा कार्य कभी व्यर्थ नहीं जाता।

३४

कायर कभी क्षमा नहीं कर सकता। क्षमा करना तो सामर्थ्य का गुण है। "क्षमा वीरस्य भूषणम्"

जीवन में सफलता हेतु यह एक सफल एवं सकारात्मक गुण है।

क्षमा से शांति का उदय होता है। क्षमा से संघर्ष का दुष्चक्र समाप्त होता है। क्षमा हीरा है जो बड़े भाग्य से मिलता है। प्रतिशोध कोयला है जो सर्वत्र मिलता है।

३५

किसी के द्वारा किये गये अच्छे कार्य के लिए उपकार मानकर असल में आप स्वयं पर उपकार करते हैं। इसमें सामने वाला आपकी सद्भावना के प्रति नतमस्तक होकर भविष्य में आप पर और कृपालु हो जाता है।

किसी के उपकार के लिए धन्यवाद कहना वह कम से कम प्रतिफल है जो आप आसानी से प्रदान कर सकते हैं।

आभार व्यक्त करना आत्मा की पवित्रता का प्रतीक है। जिंदगी के हर पल में चाहे सफलता मिले या असफलता, इसमें परिजनों, पुरजनों, परजनों, शुभचिंतकों, मित्रों, सहयोगियों की शुभकामनायें, आशीर्वाद साथ रहता है। इसलिए जब भी आप एक पायदान चढ़ें इन्हें धन्यवाद कहना न भूलें।

राष्ट्र-दर्शन

चरण - १

उत्तरं यत् समुद्रस्य, हिमाद्रेश्चैव दक्षिणं। वर्षं तद् भारतं, नाम भारती यत्र संतति।

१. किसी भी राजा या राज्य, राष्ट्र की असली शक्ति उसकी आर्थिक शक्ति पर निर्भर करती है। कोई राष्ट्र यदि धन की दृष्टि से शक्तिशाली न हो तो ऐसा राज्य दूसरी शक्तियाँ होने के बावजूद टिक नहीं सकता।

२. कोई दिवालिया सरकार क्या कर सकती है? वह न सुखी हो सकती है और न टिक सकती और न ऐसी सरकार के अंतर्गत प्रजा ही सुख से रह सकती है।

३. डरो मत, हिम्मत न हारो, तुम तो सिंह की संतानें हो, जगत से अन्याय को दूर कर न्याय का साम्राज्य स्थापित करने के लिए ही तुम्हारा जन्म हुआ है। तुम और हम सगे हैं। मैं तुम्हारे साथ हूँ। तुम ऐसा मत समझो कि तुम अकेले हो।

४. किसी भी बुद्धिमान राजा को अपने राज्य की आर्थिक शक्ति का सर्वप्रथम ध्यान रखना चाहिए।

५. राजसत्ता न्यायी तथा सामर्थ्यवान होनी चाहिए। उसमें यदि कमी होगी तो लोग नीति का पालन नहीं करेंगे।

६. जब तक सांस्कृतिक शिक्षा, हृदय और प्रेम न दिया जाये तब तक प्रजा का उत्कर्ष संभव नहीं है। सांस्कृतिक शिक्षण मिले तभी संस्कार और नीति का मूल्य समझ में आता है। जीवन में सात्विकता आती है।

८. लोग जिस समय सम्पत्ति को सर्वस्व मानने लगते हैं। तभी समाज का अधः पतन होता है क्योंकि समाज वैभव सम्पन्न तमोगुणी को मान देने लगता है।

७. जिस व्यक्ति के हाथ में कोई सत्ता नहीं ऐसे व्यक्ति को उपदेश, संस्कार अथवा भय दिखाकर सुधारा जा सकता है। उसके हृदय में सुप्त संस्कारों को जागृत किया जा सकता है। परन्तु सत्तारुढ़ व्यक्तियों को इस प्रकार सुधारना संभव नहीं है। सत्तावान, शिक्षण, वातावरण, या संस्कार से कभी नहीं सुधरते। उनका तो विनाश ही उचित है।

चरण - २

१. क्षुद्र स्वार्थ और क्षणिक सुख और थोड़ी भूमि के लिए सैकड़ों व्यक्तियों की हत्या करना तुम्हारे लिए शोभनीय नहीं है। तुम तनिक विचार करो, तुम्हें आभास हो जायेगा कि इस नश्वर जगत में भूमि के लिए लड़ना उत्तम पुरुषों का कार्य नहीं है।

२. सत्ता के मद में चूर हुआ मानव सज्जन का मित्र नहीं हो सकता।

३. संतान, धन दौलत या सत्ता यही जीवन का सर्वस्व नहीं है। बुरे कर्म करने वालों को दण्ड देना कण्ठ स्नान कराना सत्कर्म है धर्म है।

४. जगत के स्थैर्य और नैतिक जीवन में स्थिरता लाने के लिए प्रभु अवतार लेते हैं। धर्म हमें कार्य करने के लिए प्रेरणा देता है। मनुष्य अपने जीवन में सदैव धर्म से ही कर्त्तव्य कर्म की प्रेरणा लेता रहा है।

५. मानवता और सद्‌गुणों के प्रति विश्वास लेकर ही मानव आज भी अस्तित्व धारण किए हुए है। यदि यह विश्वास चला जाये तो मानव के लिए दूसरा आसरा ही न रहे।

६. सद्‌गुणों की सफलता और सुफलता के संबंध में डगमगाती हुई हमारी श्रद्धा, संतोष, शांति व मंगलता द्वारा ही दृढ़ हो सकेगी। यंत्रों द्वारा कदापि नहीं। यंत्रों का संबंध जड़ मानव के साथ है। अर्थात मानव के शरीर के साथ है।

७. हम जगत के सुख-दु:ख से अलग नहीं रह सकते, उसके साथ हमें समरस होना ही है। उसके सुख-दु:ख के साथ हमारा सम्पूर्ण जीवन जुड़ा है।

८. समग्र विश्व की एकता सिद्ध किए बिना दूसरा चारा नहीं है। इस एकता के लिए धर्म व आध्यात्मिक शक्ति के बिना काम नहीं चलेगा। इसके लिए धर्म की आवश्यकता रहेगी। ऐसी विश्व सभा का मुख्य अंग धर्म ही होगा।

९. ऐसी विश्व सभा शक्ति पर नहीं अपितु भक्ति पर ही आधारित होनी चाहिए। वह यदि मानव तथा व्यक्ति प्रेम पर निर्मित होगी, तभी टिक सकेगी अर्थात ऐसी विश्व सभा बहुत ही सरल, सादे सामान्य विश्व धर्म पर आधारित होगी। ईसाई, इस्लाम, यहूदी, पारसी अथवा दूसरे किसी धर्म विशेष पर यह आधारित होगी। इसकी रचना, निस्वार्थ मानव सेवा के धर्म पर हुई होगी। अर्थात निष्काम कर्म योग पर आधारित होगी।

१०. जो जगत की आवश्यकताओं की पूर्ति कर सकेगा वही जगत का सामान्य धर्म बन सकेगा या बनकर रहेगा। भावी विश्व रूप में निस्वार्थ मानव सेवा की आवश्यकता रहेगी।

११. जगत की तृषा शांत करने की लिए ही वह इस जगत में आये थे। इसीलिए जगतगुरू कहलाये।

१२. विश्व शांति के लिए ऐसे धर्म की आवश्यकता है। जो व्यक्ति और समाज अर्थात जगत तथा अंतर्बाह्य विचारों पर अंकुश रख सके, जिसमें व्यक्ति और समाज दोनों का समुचित विचार हुआ है। वही धर्म जीवन के लिए उपयोगी हो सकता है।

१३. ऐसा धर्म होना चाहिए जो जगत के उल्टे-सीधे प्रवाहों के बीच निश्चल खड़ा रह सके और जगत, व्यक्ति, समाज को सच्चा मार्ग बता सके।

१४. जगत को सभी प्रकार की साम्प्रदायिक संकुचितता के दायरे से मुक्त धर्म की आवश्यकता है। किसी एक वस्तु, व्यक्ति के आग्रह रहित धर्म ही व्यक्ति और समाज का जीवन उन्नत कर सकता है। वही इहलोक और परलोक में मानव को सुख-शांति और समाधान दे सकता है। ऐसा धर्म ही विश्वधर्म बन सकता है।

१५. जगत को मन बुद्धि और आत्मा से एक करने का कार्य धर्म का है। गीता इसी धर्म को सिखाती है।

१६. धर्म और संस्कृति राष्ट्र की आत्मा है। उसी के आधार पर उसकी प्राणवत्ता का मूल्यांकन किया जाता है। हिन्दुस्तान में वैचारिक स्वतंत्रता को बहुत मूल्य दिया गया है। इसीलिए यहाँ विभिन्न धर्मो को पनपने का मौका मिला है। इन धर्मों के विशिष्ट अवदानों ने संस्कृति का निर्माण किया है। लौकिक मान्यताओं का भी उसके निर्माण में कम योगदान नहीं है। संस्कृति अनेक यौगिकों का मिश्रण है। पृथक-पृथक भूखण्ड, पृथक-पृथक धर्म-दर्शन, पृथक-पृथक संस्कृति, उन संस्कृतियों के सागर में भारतीय संस्कृति को समझने का प्रयास करें और वह इसलिए करें कि उसमें वैश्विक समस्याओं का समाधान उपलब्ध है।

१७. राष्ट्र एवं धर्म का अनन्य संबंध है। सुरक्षित राष्ट्र में ही सद्धर्म का पालन संभव है। किसी भी राष्ट्र की महिमा उसके इतिहास, महापुरुषों व पवित्र परम्परा के संरक्षण से ही सिद्ध होती है। अंधविश्वास और रुढ़ियों का परित्याग करते हुए विज्ञान सम्मत शास्त्रीय चितंन का प्रसारण जनमानस में सर्वदा रहना चाहिए। बाह्य नियंत्रण समाज को कभी भी स्वस्थ दिशा नहीं दे सकते। आत्म नियंत्रण ही समाज को अनुशसित रख सकता है।

१८. हिन्दू जाति बचेगी तो सम्पूर्ण राष्ट्र बचेगा। देश का इतिहास बचेगा। सनातन धर्म बचेगा। वेद बचेंगे। रामायण बचेगी, गीता बचेगी। पवित्र तीर्थ, मंदिर बचेंगे। नहीं तो! सब कुछ समाप्त हो जायेगा। जाति-पात, ऊँच-नीच को छोड़ो, और देखो क्या हो रहा है। जागो, आँखें खोलो। देश, धर्म, द्रोहियों को पहचानो और पतितों की शुद्धि के लिए अपनी बाँहें खोलो।

१९. हिन्दू को हिन्दुस्तानी धरती से काट दिया गया। वह भारत माँ का पुत्र नहीं रहा। हिन्दुत्व के सनातन प्रवाह से हटाकर उसे विकृत सोच की धारा का निर्जीव रूप दे दिया गया। वह साधक नहीं रहा, साधनों में उलझ गया। समाज की गोद छोड़ सत्ता की कुर्सी से चिपक गया। विराटता की परिधि को छोड़, स्वार्थ की संकीर्णता का बंदी बन गया। कहीं जाति का जहर उसे डस गया तो कहीं क्षेत्र का अहं उसे निगल गया। कहीं दल का दलदल उसे दबा बैठा तो कहीं उसका गुट उसे खा गया। अब राष्ट्र नहीं अब राष्ट्र का सनातन प्रवाह नहीं अब राष्ट्र का अतीत, वर्तमान, भविष्य नहीं। अब राष्ट्र की संस्कृति, सभ्यता, चेतना नहीं। अब राष्ट्र की धरती और राष्ट्र का समाज नहीं। अब तो स्वर्ग और भोग, कुर्सी और कब्जा आँखों में तिरने लगा।

चरण - ३

१. भारत की रक्षा भारत का गांडीव करेगा। भारत की भूख भारत का हलधर हरेगा। भारत की सुरक्षा भारत का बजरंग करेगा। सोते भारत को जगाओ। भूले भारत को राह पर लाओ। सत्ता की चेतना के नशे में डूबे भारत को, राष्ट्रीय चेतना की संजीवनी से संभालो। **वैयक्तिक**, स्वार्थी, दलों और गुटों की सोचों, जाति और क्षेत्र के विचारों से बाहर निकाल, समाज को राष्ट्र चेतना के वेगवान प्रवाह में डालो। इसके लिए राज्य को ठोकर मारने वाले सुख-सुविधाओं को त्यागने वाले, पीड़ा झेलने वाले, बलिदान की पंक्ति में सबसे आगे जा लगने वाले, वीर भारत पुत्रों के आदर्शों को घर-घर में पढ़ाओ। उतार फेंको इस स्वार्थ सत्ता के लबादे को। धारण करो, मन से राष्ट्रीय चेतना के सर्वहितकारी एकात्म भाव को। हिन्दुत्व चेतना को गहरे मन में बिठाओ, एक ही तरंग के, एक ही वेग के, एक ही प्रवाह के अंग बन खड़े हो। जागे हुए राष्ट्र चैतन्य के सामने एक बन खड़े हुए राष्ट्र चैतन्य के सामने कोई भी शक्ति टिक नहीं सकती। कोई प्रलोभन उसे खरीद नहीं सकता। कोई शक्ति उसे झुका नहीं सकती।

२. अपने लिए नहीं जीता भारत का बेटा, अपने लिए जीना तो पशुता है। वह परहित के लिए चलता है। भारतीय का जीवन साधना का जीवन है। अपने को श्रेष्ठ बनाता हुआ वह विश्व को श्रेष्ठ बनाने निकलता है। अपने को साधा, घर को साधा, गाँव और समाज को

साधा, राष्ट्र को साधते हुए सृष्टि को साधने चला। केवल मनुष्य ही नहीं जड़ चेतन जो कुछ सृष्टि में है। भारतीय सब को बनाये रखना और साधने की बात करता है। यही उसका धर्म है। उसकी यात्रा व्यष्टि से प्रारम्भ हो समष्टि के सिंधु तक जाती है। उसे कोई पराया नहीं सब अपना है। इस दृष्टि, इस सोच, इस आचरण को लेकर चलने वाला देश ही विश्वशांति का आधार बन सकता है।

३. पवित्र व देशनिष्ठ ही जहाँ घृणा हो वहाँ प्रेम का उपदेश देते हैं। जहाँ असत्य हो वहाँ सत्य का प्रचार करते हैं। जहाँ प्रतिशोध और प्रतिकार की भावना हो वहाँ समझौते और समन्वय का वातावरण उत्पन्न करते हैं। जहाँ निराशा हो वहाँ आशा उत्पन्न करते हैं। जहाँ हतोत्साह हो वहाँ उत्साह की प्रेरणा देते है। जहाँ अंधकार हो वहाँ प्रकाश फैलाते हैं। जहाँ दु:ख और पीड़ायें हो वहाँ हर्ष और उल्लास का प्रसार करते हैं। पवित्र वैदिक धर्म एक ईश्वर (ओम), एक धर्म (वैदिक), एक जाति (आर्य), एक धर्म ग्रन्थ (वेद), पूजा की एक पद्धति (संध्या), एक भाषा (संस्कृत), एक संस्कृति (वैदिक संस्कृति), एक लक्ष्य (मनुष्य को पुण्यात्मा, प्रबुद्ध उन्नत और उदात्त बनाना) का उपदेश देकर विश्व के सभी लोगों को एकता के सूत्र में बाँधता है। अर्थात *'कृण्वन्तो विश्वमार्यम'* की गंगा बहाता है।

४. जब तक अपने समाज के सामान्य व्यक्ति की चेतना जागृत करते हुए उसका स्तर हम नहीं बढ़ाते, तब तक इस राष्ट्र में कोई भला काम होने वाला नहीं है। मैं यह जानता हूँ कि यह बहुत लम्बा रास्ता है। लेकिन यही एक मात्र रास्ता है। तो यही सबसे छोटा रास्ता है।

५. इस देश के किसी मध्यवर्ती नगर में शिक्षा स्थान स्थापित करो जो देश के मेधावी तरुणों को आमंत्रित कर शिक्षा दे। पेट भरने वाली

शिक्षा नहीं। भारत माता की भक्ति करते हुए विश्व के दरिद्र नारायण की सेवा के लिए पूरा जीवन लगाने की शिक्षा।

६. दुनिया का अनुभव है कि जहाँ स्वतंत्रता है वहाँ समता नहीं रहती। जहाँ समता लाने का प्रयास होता है वहाँ स्वातंत्र्य को संकुचित करना पड़ता है। समता व स्वतंत्रता को एक साथ रखने का एक मात्र उपाय है बंधुता। सामान्य जन के मन में उस बंधुता को पनपाने का काम जब तक हम नहीं करेंगे तब तक अपनी रक्षा होगी ऐसा नहीं है।

७. राष्ट्रीय जनों की इच्छाशक्ति को जगाना यानि सामान्य जनों की इच्छा शक्ति को जगाना। यही आर्थिक विकास का उपाय है।

८. अपने राष्ट्र/देश की सामरिक शक्ति में वृद्धि। लेकिन ध्यान रहे कि मात्र अस्त्रों-शस्त्रों से राष्ट्र नहीं होता। शस्त्रों के साथ साथ राष्ट्र/देश के नेतृत्व देश/राष्ट्र की जनता की स्वनिर्मित वज्र इच्छाशक्ति का निर्माण भी हमको करना पड़ेगा। यानि देश की वज्र इच्छाशक्ति पर ही देश की सुरक्षा भी निर्भर है।

९. हम तो देश की सुरक्षा चाहते हैं। उस सुरक्षा का उपाय तो हमनें ढूँढ लिया है कि इस देश के, समाज के, स्व को जागृत करते हुए उसके मन से स्वार्थ व भेद को हटाकर उसको देश के लिए खड़ा करना पड़ेगा। जब तक ऐसा नहीं होता तब तक इस देश के भाग्य के दिन बदलने वाले नहीं है। अपने देश के लिए मरना यह हमारा प्रयत्न है। देश के सर्वसामान्य व्यक्तियों को अपने देश के लिए जीना पड़ता है। प्रसंग आया तो प्राण भी देने पड़ते हैं। देशहित के लिए जो विकास का यह जो गोवर्धन है वह गोवर्धन केवल हमारे द्वारा ही उठेगा यह कदापि नहीं। यह अपेक्षा भी नहीं है। इसलिए हमारा सारे समाज को आह्वान है। हम देश की सारी जनता को

पुकार रहे हैं कि अपने देश के हित में, अपने परिवार, तथा सारी दुनिया के भी हित में, इस देश की रक्षा के लिए यानि सम्पूर्ण विश्व की रक्षा के लिए हम सब लोगों को एक स्थान पर आकर पवित्र संस्कारों को ग्रहण करते हुए संस्कार युक्त सद्‌गुणयुक्त नागरिक बनना पड़ेगा। हमारा आह्वान है कि समर्थ संगठित भारत के निर्माण के लिए हम सभी आगे आयें और सहभागी बनें।

१०. मैनें अनुभव किया कि कितने ही क्षेत्रों में कितने ही लोग काम कर रहे हैं। इन्हीं सबके सम्मिलित प्रयास से राष्ट्र का चित्र बदलेगा। हाँ इतनी चिंता अवश्य करनी चाहिए कि जो नावें मझधार से होकर निकल आती हैं। कभी-कभी किनारे पर आकर पलट जाती हैं। जब किनारा दिखने लगता है तो लोगों में जल्दी मच जाती है कि हम पहले उतर जायें। हम पहले आगे का स्थान सुरक्षित कर लें। हम काम करने में आगे रहें तथा लाभ व नाम प्राप्त करने में पीछे रहें। यही अपेक्षा है। हम पुत्र होने के नाते मातृभूमि की सेवा करते हैं। हमें उसका कोई प्रतिफल नहीं चाहिए। हम इस आचरण की ओर सदैव ध्यान देते रहें। काम में पीछे नहीं। अनुशासन में पीछे नहीं। ऐसे में यदि प्रशंसा प्राप्त करने का भी अवसर आया तो मुझे कुछ नहीं चाहिए। यह समाज अर्थात भगवान का कार्य है। यह भाव रहना चाहिए। हमें राष्ट्र का स्वाभिमान और आत्मविश्वास जागृत करने की आवश्यकता है। हमारे देश में छिपी हुई प्रतिभायें हैं। जो समय-समय पर अनेक क्षेत्रों में प्रकट होती हैं। हजारों साल तक हमारे ऋषियों ने जो तपस्या की है। उसका लाभ हमको मिला है। हमें अपने देश अपनी भाषा, विशेषता या अपनी संस्कृति का अभिमान होना चाहिए।